見るだけでKPIの構造から使い方までわかる

# 会計指標の
Accounting Ratios

矢部 謙介

日本実業出版社

## はじめに

### ■ 会計指標を使えば決算書を読むのがもっと面白くなる

「仕事や投資でいろいろな会計指標を目にするけれど、どう使ったら良いのかわかりません。会計指標を実践的に使うには、どうしたら良いのでしょうか？」

こんな悩みを抱えている人はたくさんいます。なぜ、会計指標をビジネスや投資に活かすことが難しいのでしょうか。

その理由は、ビジネスと決算書、会計指標の関係を整理すると、よくわかります。下の図は、会計指標をビジネスや投資に活かす際に必要なステップを図解したものです。

会計の数字をビジネスや投資に活かす力を、私は「会計思考力」と呼んでいます。会計思考力は大きく分けて2つの能力で構成されています。

1つは「A．会計の数字を使って経営の現実を読み解く力」、そして、もう1つは「B．会計の数字を使って経営の現実を変える力」です。

会計指標を実践的に使うのが難しいと感じるのは、「会計指標→決算書→ビジネス」というように、2つのステップを踏まなければならないからです。
　「会計の数字を使って経営の現実を読み解く力」を例にとって説明しましょう。**会計指標を読む際には、会計指標から決算書の姿をイメージすることが必要になります。**これが1つ目のステップです。次に、**決算書からビジネスの成果や課題を把握します。**これが2つ目のステップです。
　「会計の数字を使って経営の現実を変える力」により会計指標（会計上のKPI〔重要業績評価指標〕）を活用する際にも、**会計指標のあるべき姿を決算書へと落とし込み、決算書をもとに次の打ち手を考える、**といったような2つのステップが必要になります。

　つまり、会計指標を実践的に活用できるようになるためには、**決算書を中心として、ビジネスと会計指標を有機的につなげる**ことが重要です。
　会計指標は、決算書を読み解きビジネスや投資に活用するうえでとても強力な武器になるのですが、会計指標の数字から決算書の姿をイメージできないために、使い方が難しいと感じてしまうのです。

　ですが、会計指標をうまく使いこなすことができるようになれば、決算書を読むのがもっと面白くなります。

### ■ 図解で会計指標と決算書とのつながりをイメージする

　では、会計指標と決算書のつながりをイメージするためには、どうすれば良いのでしょうか？
　そのためには、前著『決算書の比較図鑑』でも活用した決算書の図解が、とても効果的なツールになります。**決算書をビジュアル化して、会計指標と結びつけるトレーニングを積むことで、決算書と会計指標の関係を直観的につかむことができる**のです。

　本書では、新たな会計指標が登場するセクションの冒頭に、**決算書と会計指標の関係を図解した「Accounting Ratios」を配置し、**会計指標の構造と決算書の関係を踏まえたうえで、セクションを読み進められるように構成しました。また、Accounting Ratiosでは、決算書を読むうえで必須であり、会計上のKPIとしてもよく用いられる24の最重要指標を取り上げました。

## ■ 会計指標も実例を"比較"して読むことが大切

　会計指標を読み解き、決算書とビジネスを結びつけて会社の姿を浮かび上がらせる面白さを知るためには、架空の設例ではなく、実際に存在する会社の事例を使うことが有効です。

　そこで本書では、実在する会社の決算書を図解し、それらと会計指標、ビジネスとの関係を理解できるように工夫しています。加えて、製造業、サービス業、小売業、外食業など様々な業種の会社を取り上げました。**本書で取り上げた事例を一通り見れば、合計で40社もの会計指標、決算書を読んだことになります。**場数を踏むことによって、会計指標を決算書、ビジネスと結びつけて読み、使いこなすためのコツを身につけることができるのです。

　また、**会計指標を読み解く際にも、比較して見ることが重要**です。本書では、**ケースで取り上げた会社の会計指標と決算書をひと目で比較できるように並べた図（Financial Snapshots）を掲載しました。**

　多くのセクションでは会計指標と決算書を、同業に属する複数の会社同士で、あるいは同じ会社の時系列で比較しています。このように並べて比較することで、同業種の会社間における会計指標の共通点や、ビジネスモデルの違いに由来する相違点、そして会社がとった戦略によってＫＰＩなどの会計指標がどのように変化したのかがわかります。

　各セクションを読む際には、まずAccounting Ratiosで会計指標と決算書の関係をつかみ、その後Financial Snapshotsを眺めてみてください。そのうえで、会計指標の数値と決算書の姿にその会社のビジネスモデルや戦略上の特徴がどのように表れているのか、仮説を立てながら解説を読んでいきます。そうすることで、自然と会計思考力を鍛えることができます。

## ■ 本書の構成

　本書では、様々な会計指標と決算書を図鑑として見ていくことで、会計指標を決算書、そしてビジネスと結びつけて読む力を身につけてもらうために、会計指標を収益性、企業価値、株主還元、安全性、効率性、成長性といった分析視点ごとに分類して比較しています。

Chapter 1 では、まず手始めに会計指標と決算書を読み解くうえでの前提となる、**決算書を図解で読み解く方法**について説明します。貸借対照表（Ｂ／Ｓ）、損益計算書（Ｐ／Ｌ）、そしてキャッシュ・フロー計算書（ＣＦ計算書）を見る際のポイントを、半導体メーカーや小売業、外食業の決算書を題材に解説していきます。また、これらの決算書をエクセルで図解する方法について解説するコラムも盛り込みました。

　Chapter 2 では、収益性指標と決算書を取り上げて比較します。経営の成果を測るうえで、収益性の指標はとても重要です。コロナ禍でも利益を出せたホテルの秘密、グローバルな建設機械メーカーであるコマツとキャタピラーの業績に大差が生まれた理由、リクルートホールディングスやオムロンがリストラに踏み切った背景などに、収益性指標の数値から迫っていきます。

　Chapter 3 で取り上げるのは、企業価値や株主還元にかかわる指標です。最近、ＰＢＲ（株価純資産倍率）や総還元性向などの向上を経営方針に掲げる企業が増えています。「株価は株式市場が決めるもので、経営方針にはふさわしくない」という考え方は時代遅れです。このChapterでは、日本企業がＰＢＲの向上をどのように経営方針に取り入れているのか、日立とパナソニックの株価に大差がついた理由などを解説します。

　Chapter 4 のターゲットは、安全性指標と決算書です。コロナ禍で大打撃を受けたプロ野球球団が危機にどう立ち向かったのか、楽天グループが大規模増資に踏み切った背景、日本唯一の海底資源掘削会社、日本海洋掘削が倒産した理由などを安全性指標から見ていきます。

　Chapter 5 では、効率性指標と成長性指標を、決算書と組み合わせて比較しています。ビジネスモデルの特徴が効率性指標にどう表れているのか、味の素とネスレの間で資産の効率性に差が生まれている背景は何なのかを見ていきます。また、成長性指標から、ヤマトホールディングスの業績が伸びない一方でＳＧホールディングスが好調な理由について読み解いていきます。

　それでは、いろいろな会社の会計指標と決算書を図鑑として見ていきながら、会計指標と決算書を活用できる力を身につけていきましょう！

見るだけでKPIの構造から使い方までわかる
# 会計指標の比較図鑑
## もくじ

はじめに
- 会計指標を使えば決算書を読むのがもっと面白くなる
- 図解で会計指標と決算書とのつながりをイメージする
- 会計指標も実例を"比較"して読むことが大切
- 本書の構成

## Chapter 1
## 決算書を図解で読み解く方法

**1 貸借対照表（B／S）の構造を図解する**
　　B／Sには企業の戦略や経営方針が表れる ……… 14

**2 半導体"強者"の貸借対照表**
　　戦略の違いが貸借対照表に「明確な差」を生み出した理由 …… 18
- ☑ 有形固定資産の割合が大きいＴＳＭＣ　21
- ☑ ゲーム向けＧＰＵからＡＩへシフトするエヌビディア　22
- ☑ 大型Ｍ＆Ａで巨額の"のれん"を計上するルネサス　24

**3 損益計算書（P／L）の構造を図解する**
　　Ｐ／Ｌから企業の「儲け方」が読み解ける ……… 28

**4 外食業の損益計算書**
　　最高益決算の裏にあるそれぞれの課題とは？ ……… 30
- ☑ イートアンドＨＤの原価率が高い２つの理由　31
- ☑ イートアンドＨＤがコロナ禍でも黒字を確保できた秘訣　33

- ☑ ロイヤルＨＤの「ポートフォリオ経営」の大きな弱点　35
- ☑ 海外で売上高を急拡大するトリドールＨＤの課題　39

## 5　Ｂ／ＳとＰ／Ｌを組み合わせて分析する
### 「まったく違う」業務スーパーとヤオコーの儲け方 …………… 43
- ☑ ヤオコーの収益性が高い理由　44
- ☑ なぜ神戸物産の原価率は高く販管費率が低いのか？　46
- ☑ 店舗資産をほぼ持たない神戸物産の収益性が高い理由とは？　48

## 6　キャッシュ・フロー計算書（ＣＦ計算書）の構造を図解する
### 現金の稼ぎ方と使い方をＣＦ計算書から読み解く …………… 51

## 7　ＰＰＩＨとペッパーＦＳのＣＦ計算書
### 「良い投資」と「悪い投資」をどう見分けるか？ ……………… 54
- ☑ ユニー買収で投資ＣＦが大きなマイナスとなったＰＰＩＨ　55
- ☑ 店舗数を急拡大させていたペッパーＦＳ　57
- ☑ 大規模投資の後に明暗が分かれた理由　58
- ☑ ペッパーＦＳが行なった「悪魔の増資」とは？　61

**Column**　Ｂ／ＳやＰ／Ｌ、ＣＦ計算書の図解の方法 ……………… 63

# Chapter2
# 収益性指標と決算書

## 1　売上高営業利益率で本業の稼ぐ力がわかる
### 「会員制ホテル」がコロナ禍でも連続大幅黒字だった秘密 …… 70

📖 **指標のトリセツ**　売上高営業利益率　70
- ☑ リゾートトラストがコロナ禍でも黒字だった理由とは？　71
- ☑ コロナ禍で大きな赤字となった帝国ホテルの決算書　72
- ☑ 安定黒字の不動産賃貸事業でも赤字を埋めきれず　75
- ☑ コロナ禍でも営業黒字のリゾートトラストの決算書　77

## 2　EBITDAは営業利益と何が違うのか？
### リクルートＨＤがEBITDAを採用した理由と大リストラの背景 …… 81

📖 **指標のトリセツ　EBITDA、EBITDAマージン**　81

- ☑ 米インディードの大リストラに踏み切ったリクルートHD　82
- ☑ リクルートＨＤの決算書の特徴とは？　83
- ☑ リクルートＨＤがEBITDAを採用する理由　85
- ☑ 急成長を遂げたインディード　87
- ☑ インディードの大規模リストラに踏み切った理由とは？　89

## 3　ROE、ROAで資本を利益に結びつけられているかが読み解ける
### コマツの決算がキャタピラーに大差をつけられた理由とは？ …… 92

📖 **指標のトリセツ　ＲＯＥ、ＲＯＡ**　92

- ☑ 過去最高益を更新したコマツとキャタピラー　93
- ☑ 収益性と安全性の両立をめざすコマツの決算書　94
- ☑ キャタピラーの収益性はなぜ高いのか？　96
- ☑ ＲＯＥの展開式から見えてくるコマツの経営課題　98
- ☑ 値上げ幅が利益率の違いに影響　100
- ☑ コマツの棚卸資産回転期間が長い構造的な要因とは？　101
- ☑ コマツがＦＣＦをＫＰＩに採用した理由　102

## 4　なぜＲＯＩＣを採用する企業が増えているのか？
### ＲＯＩＣ経営の「優等生」オムロンが大リストラに踏み切った理由 …… 104

📖 **指標のトリセツ　ＲＯＩＣ**　104

- ☑「ＲＯＩＣ経営の優等生」が陥った苦境とは？　105
- ☑ 2023年3月期には業績好調だったオムロン　106
- ☑ ＲＯＩＣは「資本コスト」を上回ることが重要　108
- ☑ オムロンが大リストラを断行する理由とは？　109
- ☑「ＲＯＩＣ逆ツリー」で見えてくる収益性低下の原因　112
- ☑ 中国市場低迷の影響が大きくＦＡ機器大手で「一人負け」　115

CONTENTS

# Chapter3
# 企業価値・株主還元指標と決算書

## 1 企業価値の注目指標PBRと成長期待を表すPER
### 大日本印刷が3,000億円の自社株買いを決めた理由とは？ ….. 120

📖 **指標のトリセツ　PBR、PER**　120

- ☑ 3,000億円もの大規模な自社株買いを発表した大日本印刷　121
- ☑ 大日本印刷の株価が「割安」状態になっている決算書上の原因　122
- ☑ 自社株買いのPBRに対する効果とPERを高めるための鍵とは？　126
- ☑ 自社株買いの引き金となった東証の開示要請ともう1つの理由　128

## 2 大正製薬のMBOが安すぎると批判された理由
### ロート製薬との明暗がはっきり分かれた事情とは？ ……… 131

- ☑ ファンドからの批判を浴びた大正製薬HDのMBO　132
- ☑ 大正製薬HDの決算書から見るMBO誘発の理由とは？　133
- ☑ 高い水準を達成しているロート製薬の収益性とPBR　136
- ☑ 大正製薬HDが国内市場で苦戦した2つの要因　138
- ☑ 増収増益となったロート製薬の転機となった「ある買収」とは？　139

## 3 株主還元に対する姿勢が表れる配当性向、総還元性向
### 減収減益の日立が最高益のパナソニックに株価で大差をつけた理由
………………………………………………………………………………………… 144

📖 **指標のトリセツ　配当性向、総還元性向**　144

- ☑ 巨額の赤字を計上してから構造改革を進めてきた日立製作所　145
- ☑ 減収減益の日立と増収増益のパナソニックなのに株価の明暗は逆転　147
- ☑ ブルーヨンダーの買収で無形固定資産が膨らんだパナソニック　148
- ☑ 「脱製造業」に突き進む、株主還元に積極的な日立製作所　151
- ☑ 日立とパナソニックで株価に大差がついた決定的な理由とは？　153

## 4 DOE（純資産配当率）を目標に掲げる意味
### 大阪ガスの株価を押し上げた「2つの原動力」とは？ ……… 158

- 📖 指標のトリセツ　ＤＯＥ　158
  - ☑ 大阪ガスと東京ガスの株式時価総額が逆転した理由とは？　159
  - ☑ シェールガス会社買収で無形固定資産が増加した東京ガス　160
  - ☑ 大阪ガスが新中計で「ＤＯＥ」を目標に掲げた意図　162
  - ☑ 大阪ガスの株価を引き上げた２つの原動力　164

# Chapter4
# 安全性指標と決算書

**1　企業の安全性を測る流動比率、固定比率、自己資本比率**
　　阪神とソフトバンクはコロナ危機にどう立ち向かったのか？ …… 170
- 📖 指標のトリセツ　流動比率、固定比率、自己資本比率　170
  - ☑ コロナ禍で大きな打撃を受けたプロ野球球団　171
  - ☑ ソフトバンクは福岡ドームの所有で安全性指標の水準が低下　172
  - ☑ 阪神は経営上の安全性が非常に高い　174
  - ☑ 両球団はコロナ禍をどう乗り越えたのか？　176

**2　コニカミノルタが陥った事業転換の落とし穴**
　　注力事業のヘルスケアが不調の理由は何か？ ……………………… 181
  - ☑ 大規模な減損損失を計上したコニカミノルタ　182
  - ☑ コニカミノルタの決算書に見られる特徴とは？　183
  - ☑ 減損処理がＢ／Ｓに与えた影響　184
  - ☑ 大型Ｍ＆Ａが不調で営業ＣＦを伸ばせず　185
  - ☑ 事業別利益の推移に見る戦略の方向性　187

**3　楽天グループが「大規模増資」に踏み切った理由**
　　復活するためのポイントと最大の課題とは？ ……………………… 190
  - ☑ 楽天Ｇの大規模な資金調達の「狙い」と決算書上の「特徴」　191
  - ☑ 金融事業拡大とモバイル事業がＢ／Ｓに与えた影響　193
  - ☑ 非金融事業のＣＦにも表れる楽天Ｇの苦悩　195
  - ☑ 増資後に残された楽天Ｇの課題　197

CONTENTS

## 4 日本唯一の海底資源掘削会社が倒産した理由
### 日本海洋掘削が創業50周年にハマった罠とは何だったのか？ ..... 199
- ☑ 日本海洋掘削の収益性が急降下した理由とは？　200
- ☑ 好況時に決めた積極投資が特別損失計上の原因に　202
- ☑ ＦＣＦと財務ＣＦのマイナスで現金残高も大きく減少　203
- ☑ HAKURYU-14の支払期限を前に資金繰りが困窮　206

# Chapter5
# 効率性・成長性指標と決算書

## 1 総資産回転率で企業全体の効率性を見る
### 三菱地所と東急不動産の明暗がコロナ禍で分かれた事情は何か？
..... 210

📖 **指標のトリセツ　総資産回転率**　210
- ☑ コロナ禍を経て業績好調の不動産業界　211
- ☑ Ｂ／Ｓが相対的に大きい三菱地所の決算書　212
- ☑ なぜ東急不動産の総資産回転率は高いのか？　214
- ☑ 総資産回転率の推移に表れる業績の安定度　215
- ☑ 東急不動産ＨＤが再生可能エネルギーと都市開発に投資する理由　217

## 2 有形固定資産回転率で有形固定資産の使い方を分析する
### 早稲田アカデミーと東京個別指導学院の事業構造の違いとは？
..... 219

📖 **指標のトリセツ　有形固定資産回転率**　219
- ☑ 増収増益の早稲田アカデミーと減収減益の東京個別指導学院　220
- ☑ 早稲田アカデミーの決算書にはどんな特徴があるのか？　221
- ☑ 両社の有形固定資産回転率に大差がついた理由　223
- ☑ 人件費と教材費に表れたビジネスモデルの差　225
- ☑ 業績に明暗が分かれた背景にある生徒構成の違い　227

## 3 ＣＣＣ、回転期間とキャッシュ・フロー経営の関係性
### 味の素とネスレ、なぜ資金繰りに大差が生まれているのか？ ···· 230

📖 **指標のトリセツ　ＣＣＣ、棚卸資産・売上債権・仕入債務回転期間　230**

- ☑ 味の素とネスレのＣＣＣに大差が生まれた理由とは？　231
- ☑ 世界一のアミノ酸メーカー、味の素の決算書の特徴　232
- ☑ 回転期間、ＣＣＣの意味と現金との関係　234
- ☑ 味の素の回転期間とＣＣＣの意味していることとは？　237
- ☑ Ｍ＆Ａも駆使して世界一になったネスレの決算書　239
- ☑ 回転期間とＣＣＣから見えてくる味の素の経営課題とは？　241

## 4 １人当たり指標で人的な効率性を比較する
### 富士通が「3,000人超の大リストラ」を断行した理由とは？ ···· 244

📖 **指標のトリセツ　従業員１人当たり営業利益・売上高　244**

- ☑ ＩＴベンダーの好調とリストラの理由を決算書から読み解く　245
- ☑ Ｍ＆Ａで積極的な海外展開を行なう野村総研　246
- ☑ 通信インフラを持ち１人当たり利益も高水準のＩＩＪ　248
- ☑ 効率性に大差、製造業の一面が表れる富士通　249
- ☑ 従業員１人当たり営業利益が向上した三者三様の理由とは？　251
- ☑ コンサルサービスに強みを持ち高付加価値を実現する野村総研　253
- ☑ ネットワークとＳＩを複合したユニークな立ち位置のＩＩＪ　254
- ☑ リストラで効率性改善の富士通、期待の「ある事業」とは？　256

## 5 企業業績の伸びを占う成長性分析
### ヤマトを「配達員2.5万人との契約終了」に駆り立てた要因とは？ ···· 259

📖 **指標のトリセツ　趨勢比率、ＣＡＧＲ　259**

- ☑ ここ10年間でヤマトと佐川に大差がついた理由　260
- ☑ ヤマトＨＤの決算書の特徴とは？　261
- ☑ 収益性ではＳＧＨＤに軍配が上がる　262
- ☑ 長年の値上げ交渉が奏功したＳＧＨＤ　266

おわりに

CONTENTS

※　本書では、数多くの会社の決算書および会計指標の概要を比較しながら見ていくことを主眼としていますので、決算書および会計指標の細かい数値にとらわれることがないように、あえて丸めた数字（概数）を使用しています。
　　また、日本基準、国際財務報告基準（ＩＦＲＳ）、米国会計基準といった異なる会計基準を採用する会社同士を比較することがあります。そのような場合、厳密性よりも比較しやすさを重視する観点から、本質を損なわない範囲内で、財務諸表の科目名・区分・並び順などを変更していることがあります。
　　なお、基本的に連結財務諸表（その会社のグループ全体の財務諸表）を使用していますが、連結財務諸表を作成・開示していない場合には、個別財務諸表（その会社のみの財務諸表）を使用しています。

※　「比例縮尺図」は、山根節著『ビジネス・アカウンティング──MBAの会計管理』（中央経済社、2001年）が初出であり、本書ではそれを参考にアレンジした比例縮尺図を使用しています。

※　各社の数値は断りのない限り有価証券報告書などの開示資料にもとづいています。また、時系列財務データの一部や株式時価総額などの株式関連データは日経NEEDS-Financial QUESTより取得したものを使用しています。

※　本書の内容は基本的に2024年11月現在の法令や情勢などにもとづいています。

※　本書に記載されている社名、ブランド名、商品名、サービス名などは各社の商標または登録商標です。本文中に©、®、TMは明記していません。

カバーデザイン　小口翔平＋神田つぐみ（tobufune）　本文DTP　一企画

# Chapter 1

# 決算書を図解で読み解く方法

## 決算書を「図解×比較」した事例企業

ルネサス VS エヌビディア VS TSMC……18

イートアンドHD　2021年2月期 VS 2024年2月期……32

ロイヤルHD　2020年12月期 VS 2023年12月期……36

トリドールHD　2021年3月期 VS 2024年3月期……40

ヤオコー VS 神戸物産……43

PPIH VS ペッパーFS……54

Chapter 1

## 1 貸借対照表（B／S）の構造を図解する
### B／Sには企業の戦略や経営方針が表れる

　まずは、3つある基本財務諸表から、貸借対照表（英語表記のBalance Sheet〔バランスシート〕の頭文字を取ってB／Sと呼ばれます）の構造について解説しましょう。

　B／Sは同じく主要な決算書の1つである損益計算書（P／L）に比べると少しとっつきにくいと感じる人が多いのですが、B／SにはP／L以上にその企業のビジネスモデルや戦略が表れます。ここでは、B／Sの基本構造を理解し、苦手意識をなくしておきましょう。

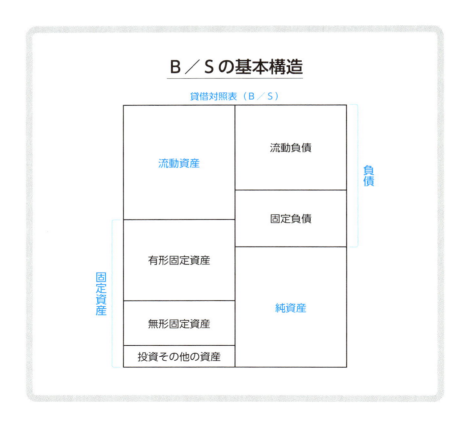

B／Sは大きく左側（資産サイド）と右側（負債・純資産サイド）に分けることができ、左側と右側の合計金額は必ず一致します。

　**B／Sの右側には、会社がどのようにして資金を集めてきたのかが書かれています。**ここは、銀行からの借入金などの負債（いずれ返済や支払いが必要になるもの）と純資産（ＩＦＲＳ〔国際財務報告基準〕では資本）に分かれています。純資産は株主に帰属する資本であり、返済の必要はありません。

　負債は、さらに流動負債と固定負債（ＩＦＲＳでは非流動負債）に分けて記載されます。流動負債は短期（多くの場合１年以内）のうちに支払いや返済が必要になるもの、固定負債は支払いや返済期限が長期（多くの場合１年超）のものです。

　純資産には、株主がその会社に対して直接投資したお金（資本金や資本剰余金）と、これまで会社が上げてきた利益のうち、内部留保（事業への再投資）に回した分に相当する利益剰余金などが示されています。

　利益剰余金の金額は、これまでにその会社が上げてきた利益の目安となります。

　特に**優良企業といわれるような会社の場合、利益剰余金の額が非常に大きく、その結果としてＢ／Ｓの右側に占める純資産の割合が大きくなり、その分負債の割合が小さくなる**傾向があります。上げてきた利益を内部留保に回すことで投資に必要とされるお金をカバーすることができ、借り入れなどの有利子負債（利子が発生する負債）に頼らずに済むためです。

　**Ｂ／Ｓの左側は、右側で調達した資金の投資先**を表しており、流動資産と固定資産に分かれます。流動資産には短期（多くの場合１年以内）に現金化されることが想定されている資産が、固定資産には短期での現金化を想定していない資産が分類されます。

　固定資産は、土地や建物といった形のある有形固定資産、ソフトウェアや特許権などの無形固定資産、そして長期に保有することを想定している投資

15

有価証券などが含まれる投資その他の資産に分けられます。

　Ｂ／Ｓ上の無形固定資産を見るときに着目しておきたいのが、「のれん」です。

　のれんとは、会社が買収（Ｍ＆Ａ）を行なったときの買収価額と買収対象会社の（時価ベースの）純資産の差額のことです。

　Ｍ＆Ａを行なう際の買収価額は時価ベースの純資産を上回ることが多いため、買収を行なった会社のＢ／Ｓの左側には、多額ののれんが計上されていることがよく見られます。買収対象会社の資産から負債を差し引いた価値以上に上乗せされた評価部分が、買収を行なった会社の無形固定資産のところに、のれんとして表示されているのです。

　近年、経営戦略を実現する手段としてのＭ＆Ａの重要性が高まっています。Ｂ／Ｓにおけるのれんの金額には、その企業のＭ＆Ａに対する姿勢が反映されていることから、Ｂ／Ｓを読み解くうえで、のれんに着目することは理にかなっているといえます。

　のれんが計上されるメカニズムについて、右ページの図で詳しく説明しましょう。

　Ａ社がＢ社の株式100％を取得してＢ社を買収するケースを例にとって考えてみます。

　このとき、Ａ社はＢ社の株式をＢ社の純資産（Ｂ社の資産、負債を時価評価した際の純資産）よりも高い価額で取得することとします。Ａ社がＢ社の株式を取得しているので、Ａ社のＢ／Ｓにおける資産サイド（左側）には、Ｂ社の株式が計上されています。

　続いて、Ａ社のＢ／ＳとＢ社のＢ／Ｓを合算して連結のＢ／Ｓを作成します。

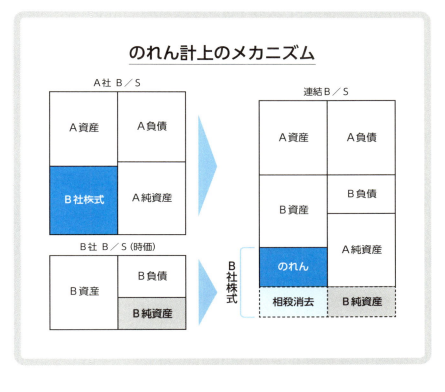

　このとき、A社の資産、負債、純資産と、B社の資産と負債をすべて合算します。なお、会計ルール上、B社の資産と負債は時価ベースに換算されます。

　ここで問題となるのは、A社が保有するB社の株式とB社の純資産の取り扱いです。

　A社のB社に対する投資（＝B社株式）の一部とB社の純資産が、ダブルでカウントされた状態（A社が投資したお金〔B社の株式の一部〕がB社の純資産として計上されてしまっている状態）になってしまっているからです。

　そこで、B社の純資産と、それに相当する金額のB社株式を相殺消去し、残った部分を「のれん」として計上します。これが、M&Aを行なった会社で「のれん」が計上されるメカニズムです。

# Chapter 1

## 2 半導体"強者"の貸借対照表
### 戦略の違いが貸借対照表に「明確な差」を生み出した理由

　半導体業界から**ルネサスエレクトロニクス**（以下、ルネサス）、**米エヌビディア**、**台湾セミコンダクター・マニュファクチャリング・カンパニー**（以下、ＴＳＭＣ）の３社のＢ／Ｓを取り上げて比較してみましょう。

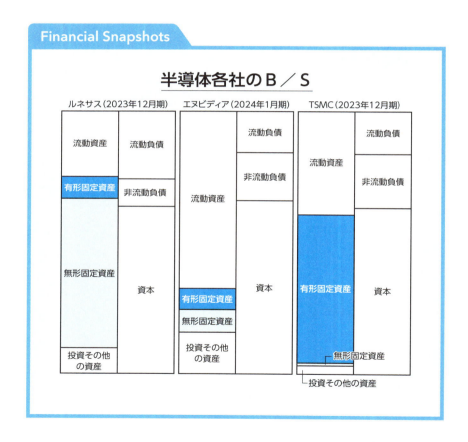

　同じ半導体業界に属する３社ですが、それぞれのＢ／Ｓの形は大きく違います。まずは、各社の事業上の特徴について触れておきましょう。

ルネサスは、三菱電機と日立製作所から分社したルネサステクノロジと、ＮＥＣから分社したＮＥＣエレクトロニクスが2010年４月に経営統合して生まれた会社です。

　設立直後は赤字が続き、2013年９月には産業革新機構の傘下となり事実上国有化されたものの、その後構造改革に成功。2023年11月には産業革新機構の後継会社であるＩＮＣＪが保有株式のすべてを売却したと発表しました。

　近年、ルネサスは積極的なＭ＆Ａを仕掛けています。

　2017年２月にアナログ半導体を手掛ける米インターシルを、2019年３月には米インテグレーテッド・デバイス・テクノロジー（以下、ＩＤＴ）を、そして2021年８月には英ダイアログ・セミコンダクターを買収しました。また、2024年２月には電子基板設計ソフトウェアを手掛ける米アルティウムの買収を発表しています。

　エヌビディアは、パソコンに搭載されているグラフィック・プロセッシング・ユニット（ＧＰＵ）と呼ばれる画像処理演算装置を手掛ける米国の企業です。同社の手掛けるＧＰＵが人工知能（ＡＩ）向けに応用できることから、現在ではＡＩや自動運転の分野において重要な地位を占めるに至っています。

　また、2024年２月には株式時価総額が米Googleの親会社であるアルファベットを抜いて世界ランキング４位になったことでも話題になりました。

　ＴＳＭＣは、台湾で1987年に設立された半導体メーカーです。ＴＳＭＣの特徴は、他の半導体メーカーが設計した半導体の製造を受託する事業を専業で手掛ける、ファウンドリという事業形態にあります。

　ＴＳＭＣの受託先は米アップルや先に紹介したエヌビディアなど半導体のトップメーカーで、2023年12月期第４四半期における市場シェアは60％を超える（台湾Trend Force調べ）、**世界最大のファウンドリ**です。

最近では、2024年2月に熊本に第1工場を開設したことでも話題となりました。また、同時に熊本第2工場を建設するとも発表しています。

　そんな半導体業界の注目企業3社ですが、足元の業績はどうなっているのでしょうか。

　ルネサスの2023年12月期決算は売上収益（売上高に相当）が1兆4,690億円（前期は1兆5,010億円）、営業利益は3,910億円（同4,240億円）と減収減益であったものの、当期利益は3,370億円（同2,570億円）と3期連続で過去最高を更新しました。

　エヌビディアの2024年1月期の売上高は609億ドル（1ドル＝147円換算で8兆9,560億円）と前期から2.3倍に、営業利益は330億ドル（同4兆8,470億円）で前期の7.8倍、という衝撃的な決算で過去最高を記録しました。**エヌビディアの好決算は日本の株式市場にインパクトを与え、2024年2月から3月にかけての株高につながりました。**

　ＴＳＭＣの2023年12月期の売上高は2兆1,620億台湾ドル（1台湾ドル＝4.6円換算で9兆9,440億円）、営業利益は9,210億台湾ドル（同4兆2,390億円）と減収減益でした。

　このように、直近の決算では明暗が分かれた各社ですが、それぞれのビジネスモデルや戦略も大きく異なります。ここでは、各社の違いがＢ／Ｓにどのような差をもたらしているのかを解説していくことにしましょう。

## ☑ 有形固定資産の割合が大きいＴＳＭＣ

以下の図は、ＴＳＭＣのＢ／Ｓを比例縮尺図に図解したものです。

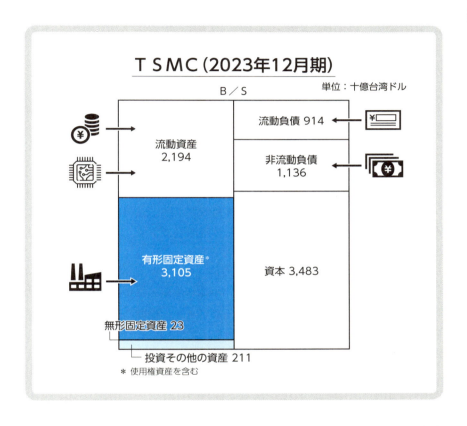

　Ｂ／Ｓの左側（資産サイド）で最大の金額を占めているのは、**有形固定資産（使用権資産を含む、３兆1,050億台湾ドル）**です。これは、総資産（5兆5,320億台湾ドル）の56％に相当します。半導体の製造を受託するファウンドリでは、半導体製造工場に対する投資が非常に大きいことを反映しています。

　ＴＳＭＣの熊本工場は、ＴＳＭＣの子会社であるJapan Advanced Semiconductor Manufacturing（ＪＡＳＭ）を通じて建設されたものです。ここで取り上げたのは、子会社も含めた連結Ｂ／Ｓですから、こうした子会

社を通じた設備投資もＢ／Ｓに計上されることとなります。

　次いで大きいのが、流動資産（２兆1,940億台湾ドル）です。この流動資産の約３分の２は現金及び現金同等物（１兆4,650億台湾ドル）で占められています。現金及び現金同等物の金額は、売上高の8.1カ月分に相当します。また、棚卸資産（2,510億台湾ドル）、売上債権（2,010億台湾ドル）といった、営業に必要な資産も流動資産に計上されています。

　Ｂ／Ｓの右側（負債・純資産サイド）には、流動負債が9,140億台湾ドル、非流動負債（固定負債に相当）が１兆1,360億台湾ドル計上されています。これらのうち、9,560億台湾ドルが社債や借入金、リース負債といった有利子負債です。

　資本（純資産に相当）は３兆4,830億台湾ドルで、総資本（負債と資本の合計）に占める割合（Chapter 4 で詳しく説明しますが、これを自己資本比率と呼びます）は63％となっています。

　ＴＳＭＣにおけるＢ／Ｓの左側には、**半導体工場の資産規模が大きいために有形固定資産の占める割合が高い**ことに加えて、**投資に充てるための現預金が豊富である**という特徴が表れています。また、Ｂ／Ｓの右側においては、**投資に必要な資金を有利子負債で調達している**様子もうかがえます。ファウンドリを手掛ける企業ならではの特徴が色濃く出ているＢ／Ｓであるといえます。

## ✅ ゲーム向けＧＰＵからＡＩへシフトするエヌビディア

　続いて、エヌビディアのＢ／Ｓを見ていきましょう（右ページの図参照）。

　**Ｂ／Ｓの左側において最も大きな金額を占めているのは、流動資産（443億4,500万ドル）**です。ここには、有価証券が187億400万ドル、現金及び現金同等物が72億8,000万ドル計上されています。

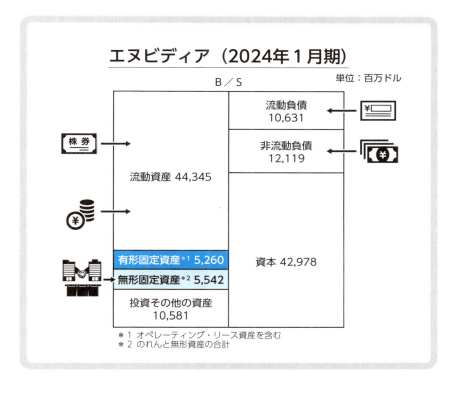

一方で、有形固定資産（オペレーティング・リース資産を含む）の金額は52億6,000万ドルにとどまっています。総資産に対する割合は8％で、ＴＳＭＣの56％と比較すると大きな隔たりがあります。

これは、**エヌビディアが量産工場を持たない「ファブレス」型のビジネスモデル**を採用しているためです。エヌビディアが行なっているのは半導体の開発や設計であり、その製造はＴＳＭＣのようなファウンドリに委託しています。そのため、有形固定資産の割合が非常に小さくなっているのです。

なお、無形固定資産（のれんと無形資産の合計）が55億4,200万ドル計上されていますが、そのうち44億3,000万ドルがのれんで占められています。

これは主に、イスラエルで高速ネットワーク半導体のチップなどを手掛けるメラノックスを2020年4月に買収した際に計上されたものです。こうし

たネットワーク関連の部品事業はＡＩ向けのデータセンターを構築するうえで不可欠の要素だといわれています（2020年８月31日付日経産業新聞）。

**ゲーム向けからＡＩ向けのＧＰＵへのシフトを進めてきたエヌビディアの戦略が、買収に伴うのれんにも反映されている**といえます。

続いて、Ｂ／Ｓの右側に目を転じると、流動負債が106億3,100万ドル、非流動負債が121億1,900万ドル計上されています。

これらの負債には、合計で108億2,800万ドルの有利子負債（借入金とオペレーティング・リース負債）が含まれていますが、流動資産における現金及び現金同等物と有価証券の合計額が259億8,400万ドルであることを踏まえると、**エヌビディアは実質無借金経営**です。

資本は429億7,800万ドルで、自己資本比率は65％と高い水準にあります。

以上をまとめると、エヌビディアのＢ／Ｓには、**ファブレス型のビジネスモデルを採用しているために有形固定資産の割合が小さい、ゲーム向けからＡＩデータセンター向けのビジネスへのシフトを視野にＭ＆Ａを行なったことによるのれんが計上されている**、といった特徴が表れています。

## ☑ 大型Ｍ＆Ａで巨額の"のれん"を計上するルネサス

右ページの図は、ルネサスのＢ／Ｓを比例縮尺図に図解したものです。

Ｂ／Ｓの左側で最大の金額を占めているのは、**無形固定資産（のれんと無形資産の合計、１兆7,840億円）**です。この無形固定資産の多くは、のれん（１兆3,620億円）です。

のれんや無形資産を計上する主な要因となったのが、大型Ｍ＆Ａです。

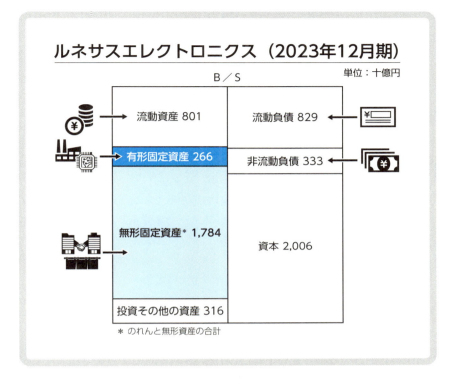

　ルネサスは、2013年9月に事実上国有化されて以降、不振の携帯電話（フィーチャーフォン）向けＳｏＣ（System on a Chip、コンピュータの中枢となる機能を統合した半導体チップ）事業を売却するなど、大規模な事業構造改革を進めてきました。

　その後、ルネサスは大型Ｍ＆Ａで反転攻勢に打って出ます。

　2017年2月には車載・産業用の電圧制御用アナログ半導体などに強みを持つインターシルを32億1,900万ドル（ルネサス公表ベースで3,219億円）で買収。2019年3月には情報処理用アナログ半導体を手掛けるＩＤＴを67億ドル（同7,330億円）で、さらに2021年8月に電力用アナログ半導体に強みを持つダイアログ・セミコンダクターを48億ユーロ（同6,240億円）で買収し、**アナログ半導体事業の強化を進めてきました。**

3社合計で1.5兆円を超える規模の買収を行なってきたことが、ルネサスのＢ／Ｓに多額の無形固定資産が計上されている理由です。

　なお、ルネサスが会計基準として採用しているＩＦＲＳ（国際財務報告基準）では、のれんの償却（定期的な費用化）を行なう必要はありませんが、**買収先から得られる将来キャッシュ・フローの予想が大きく減少した場合、のれんを減損（のれんの資産価値を切り下げ、その分を損失として計上すること）しなければならない**リスクがあります。

　無形固定資産の金額が資本の約9割に相当することを踏まえれば、ルネサスとしては、**買収先とのシナジー（相乗効果）を発揮することで、のれんの減損リスクを顕在化させないことが必要**です。

　一方、有形固定資産の金額は2,660億円と少なくなっています。これは、ルネサスが自社工場での生産をできるだけ抑えて、ファウンドリへの製造委託を活用する「ファブライト経営」を進めてきたことによります。

　ただし、近年は設備投資を積極化しており、有形固定資産の金額は増加傾向にあります。

　Ｂ／Ｓの右側には、流動負債が8,290億円、非流動負債が3,330億円計上されています。これらの負債には、有利子負債（社債及び借入金）が合計で6,510億円含まれています。これは、**大型買収を行なうにあたって必要な資金を、有利子負債によって調達してきた**ためです。なお、資本は2兆60億円で、自己資本比率は63％となっています。

　以上のように、ルネサスのＢ／Ｓには、**積極的なＭ＆Ａとそれに伴う資金調達、そしてファブライト経営といった戦略上の特徴がよく表れている**といえるでしょう。

## ここが比較するポイント！

このセクションでは、半導体業界3社を比較してきました。ＴＳＭＣ、エヌビディア、ルネサスの間にはＢ／Ｓにおける資産の持ち方に大きな違いが見られました。

具体的には、ファウンドリであるＴＳＭＣでは有形固定資産が、ファブレス型のビジネスモデルを採用するエヌビディアでは流動資産が、ファブライトで大型Ｍ＆Ａによる成長を志向するルネサスでは無形固定資産が大きくなるという特徴があります。

Ｂ／Ｓに戦略上の特徴の違いが現れる事例だったといえるでしょう。

# Chapter 1

## 3 損益計算書（P／L）の構造を図解する
P／Lから企業の「儲け方」が読み解ける

2つ目の基本財務諸表として、**損益計算書**（Profit and Loss Statement の頭文字を取って、**P／L**と呼ばれます）の基本構造を解説しましょう。

**P／Lは、1年間の取引を通じて得られた収益（売上高など）から費用を差し引いた利益を計算することを目的に作成されます。** P／Lを読む際にも、前セクションまでで解説したB／Sと同様に、比例縮尺図に図解して読む方法が有効です。

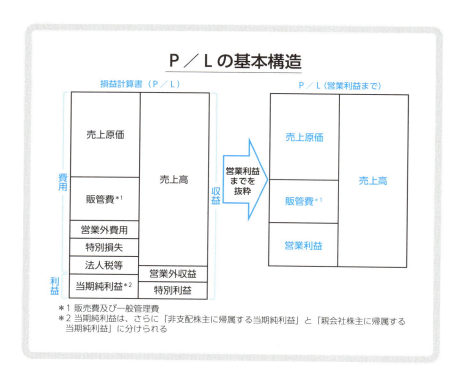

＊1 販売費及び一般管理費
＊2 当期純利益は、さらに「非支配株主に帰属する当期純利益」と「親会社株主に帰属する当期純利益」に分けられる

P／Lを図解する際には、上図の左側に示すように、**収益**項目（売上高、営業外収益、特別利益）を右側に、**費用**項目（売上原価、販売費及び一般管

理費〔以下、販管費〕、営業外費用、特別損失、法人税等）を左側に表示します。そして、「収益－費用」がプラスならば当期純利益の金額を左側に、マイナスならば当期純損失の金額を右側に表示します。

　本業における収益、費用、利益の構造を把握したいのであれば、図の右側に表示したように、営業利益までの項目に絞って図解するとシンプルでわかりやすくなります。

　この場合、図の右側には商品や製品、サービスを販売したことによる「売上高」が表示されます。

　左側には、商品や製品を仕入れ・製造するのにかかった費用である「売上原価」と、売上原価以外に本業で必要となった費用である「販管費」が表示されます。そして、「売上高－売上原価－販管費」がプラスならば、その金額を「営業利益」として左側に、マイナスならばその金額を「営業損失」として右側に表示します。

　**営業利益は、会社が本業で稼いだ利益を表す**ため、ここまでのＰ／Ｌの構造を理解しておけば、その会社が本業で稼いだ利益の構造を読み解くことができます。

　もちろん、さまざまな会社を分析していくと、会社の本業以外の経常的な活動から発生する営業外収益・費用や、その年限りの臨時の利益や損失である特別利益・損失に大きな金額が計上されており、そうした項目を含めてＰ／Ｌの構造を把握したい場合もあります。そうした際には、左側の図のように、Ｐ／Ｌ全体を図解したほうがよいでしょう。

　また、上場子会社などを多く抱えるなどの理由で、非支配株主に帰属する当期純利益（当期純利益のうち、親会社以外の非支配株主に帰属する金額）が大きい場合には、当期純利益を親会社株主に帰属する当期純利益と非支配株主に帰属する当期純利益に分解して見ていくことが必要です。

29

## Chapter 1

### 4 外食業の損益計算書
最高益決算の裏にあるそれぞれの課題とは？

　2023年5月に新型コロナウイルス感染症の取り扱いが季節性インフルエンザなどと同じ5類感染症に移行して以来、外食の需要は回復基調にあります。

　そんな中、ここでは2023年度に過去最高益を更新した外食大手、**トリドールホールディングス**（以下、トリドールＨＤ）、**ロイヤルホールディングス**（以下、ロイヤルＨＤ）、**イートアンドホールディングス**（以下、イートアンドＨＤ）のＰ／Ｌを取り上げて解説します。

　トリドールＨＤは、うどん店「丸亀製麺」を主力業態とし、カフェやラーメン店、焼鳥店などを展開しています。最近では、香港のTam Jai International（以下、タムジャイ）を2018年1月に買収し、丸亀製麺の海外業態である「MARUGAME UDON」を米国、台湾、英国などで展開するなど、海外事業を積極的に拡大しています。

　トリドールＨＤ（国際会計基準〔ＩＦＲＳ〕を採用）における2024年3月期の売上収益（売上高に相当）は2,319億5,200万円、事業利益（トリドールＨＤにおける事業利益＝売上収益－売上原価－販売費及び一般管理費〔販管費〕、日本の会計基準での営業利益に相当するため、以下では営業利益と呼びます）は145億3,600万円とそれぞれ過去最高を記録。2023年3月期の売上収益1,883億2,000万円、営業利益69億8,400万円からの大幅な増収増益となりました。

　ロイヤルＨＤは、レストラン「ロイヤルホスト」や天丼・天ぷら店「てんや」などを展開しており、外食事業以外にも空港や高速道路のサービスエリア・パーキングエリアなどで飲食業態を展開するコントラクト事業や、「リッチモンドホテル」などを手掛けるホテル事業を運営しています。2021年2月には、財務基盤の改善やポストコロナへの対応などを目的に、総合商社

の双日との資本業務提携を発表したことでも話題となりました。

　ロイヤルＨＤの最新決算である2023年12月期の売上高は1,389億4,000万円、営業利益は60億7,400万円でした。2022年12月期の売上高が1,040億1,500万円、営業利益が21億9,200万円であったことから、前期比増収増益です。売上高は2019年12月期の1,405億7,800万円には及ばなかったものの、営業利益は17年12月期以来の過去最高更新となりました。

　イートアンドＨＤは中華料理店「大阪王将」やラーメン店「よってこや」、ベーカリー・カフェの「R Baker」などを展開する外食事業に加えて、大阪王将ブランドの冷凍食品を販売する食品事業を手掛けています。

　イートアンドＨＤの2024年2月期決算の売上高は359億2,200万円、営業利益は10億5,900万円でした。2023年2月期の売上高330億3,300万円、営業利益9億1,500万円からの増収増益です。また、同社においても売上高、営業利益は過去最高を更新しています。

　以上のように業績好調な各社ですが、ビジネスモデルや戦略はそれぞれ異なります。また、**Ｐ／Ｌのデータからは、過去最高益の中に隠された各社の経営課題を読み解くことができます。**

　ここはまず、各社の違いがＰ／Ｌにどのような差を生み出しているのかを見ていきます。そして、各社はどのような経営課題を抱えているのか、コロナ禍におけるＰ／Ｌと2023年度のＰ／Ｌを比較しながら解説していくことにしましょう。

## ☑ イートアンドＨＤの原価率が高い２つの理由

　では、イートアンドＨＤのＰ／Ｌについて解説しましょう。次ページの図は、コロナ禍における決算の2021年2月期と、2024年2月期のＰ／Ｌを比較したものです。なお、2021年2月期には多額の特別損益が計上されていますが、ここでは本業における利益構造に着目するため、営業利益までの項目に絞って図解します。

**Financial Snapshots**

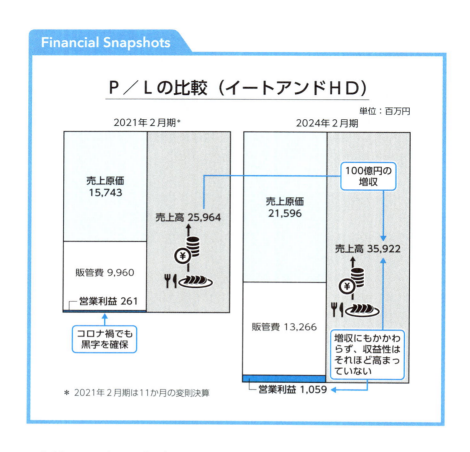

　左側の2021年2月期（11か月の変則決算）から見ていきましょう。売上高が259億6,400万円であるのに対し、売上原価は157億4,300万円（売上高に対する比率は61％）、販管費は99億6,000万円（同38％）となっています。営業利益は2億6,100万円（同1％）です。なお、Chapter 2で詳しく述べますが、営業利益の売上高に対する比率を売上高営業利益率と呼びます。また、売上原価と販管費の売上高に対する比率をそれぞれ原価率、販管費率と呼びます。

　**外食業における原価率は通常30％前後**ですが、イートアンドＨＤでは61％と高くなっています。

　これは、イートアンドＨＤの外食事業における直営店の割合が2021年2

月末現在で19％（2024年2月末現在では23％）と低く、ＦＣ加盟店に向けた食材卸の売上高の割合が大きいことと、冷凍食品の販売を手掛ける食品事業のウエートが大きいことが影響していると推測されます。

　なお、その前期の決算である2020年3月期の売上高は303億6,200万円、営業利益は8億1,000万円（売上高営業利益率3％）でした。21年2月期は11か月の変則決算のため本来単純比較はできませんが、減益ではあるものの営業黒字を確保しています。当時、コロナ禍で多くの外食企業が大きな赤字になっていたことを考えると、十分健闘している決算だといえます。

　続いて、2024年2月期のＰ／Ｌ（右側）も見ていきましょう。

　売上高は359億2,200万円となっており、2021年2月期と比較すると100億円の増収となっています。2020年3月期と比較しても50億円以上の増収です。

　対して、売上原価は215億9,600万円（原価率60％）、販管費は132億6,600万円（販管費率37％）となっており、営業利益は10億5,900万円（売上高営業利益率3％）です。増収の割には、イートアンドＨＤの収益性はそこまで高まっていません。

　イートアンドＨＤがコロナ禍においても黒字を確保できた秘訣は何だったのでしょうか。また、最新決算は大きな増収にもかかわらず、そこまで収益性が高まらなかった理由についても、解説していくことにしましょう。

## ☑ イートアンドＨＤがコロナ禍でも黒字を確保できた秘訣

　イートアンドＨＤの事業は外食事業と食品事業で構成されています。外食事業における主力ブランドは中華料理の「大阪王将」です。食品事業に関しては、大阪王将ブランドの認知度向上と二次活用を主な目的として同ブランドの冷凍食品を量販店などに販売していると有価証券報告書に記載されています。

　同社のビジネスモデルは、大阪王将ブランドを核とした外食と食品の両面

展開になっているといえます。

そこで、同社の業績を2つの事業に分解して見ていきます。

下の図は、イートアンドＨＤにおけるセグメント別の売上高と営業損益を2021年2月期と2024年2月期で比較したものです（なお、セグメント別営業損益には全社費用を加味していないため、セグメント別営業損益の合計額と連結営業利益は一致しません）。

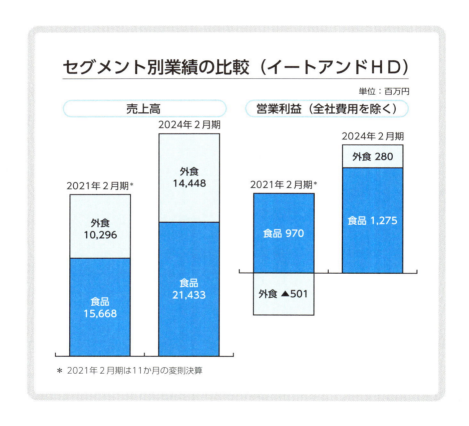

まず売上高から見ていくと、イートアンドＨＤが手掛けている食品事業、外食事業ともに2024年2月期では2021年2月期と比較して大きな増収となっていることがわかります。2021年2月期が11か月の変則決算だったこともありますが、人流の回復に伴って外食事業の売上高が回復したことに加え、

食品事業においては冷凍食品の餃子の販売が好調に推移していることが影響しています。

営業損益を見てみると、2021年2月期においては外食事業が5億100万円の赤字（売上高営業利益率はマイナス5％）だったのに対し、食品事業では9億7,000万円の黒字（同6％）となっています。外食事業の赤字を食品事業が挽回した格好です。

大阪王将ブランドを核に**食品事業と外食事業の二枚看板でビジネスを展開していることが、コロナ禍においても黒字を確保できた理由である**といえます。

2024年2月期においては、外食事業の営業利益も2億8,000万円のプラスとなっており、黒字への転換を果たしています。ただ、同事業の売上高営業利益率は2％と決して高くありません。

また、食品事業の営業利益は12億7,500万円で、売上高営業利益率は6％です。増収にもかかわらず、営業利益の売上高に対する比率で見ると2021年2月期に比べて引き上げられていません。**原材料価格の高騰などを受けて価格改定を行なっているものの、価格転嫁しきれていない**ためです。

これらが、増収にもかかわらず、イートアンドＨＤの収益性が思ったより高まっていない理由です。

イートアンドＨＤの今後の業績を占う鍵は、食品事業において価格転嫁をどれだけ進めていけるか、外食事業における収益性をいかに高めていけるかにあるといえそうです。

## ☑ ロイヤルＨＤの「ポートフォリオ経営」の大きな弱点

続いて、ロイヤルＨＤのＰ／Ｌを見ていきましょう（次ページの図参照）。

**Financial Snapshots**

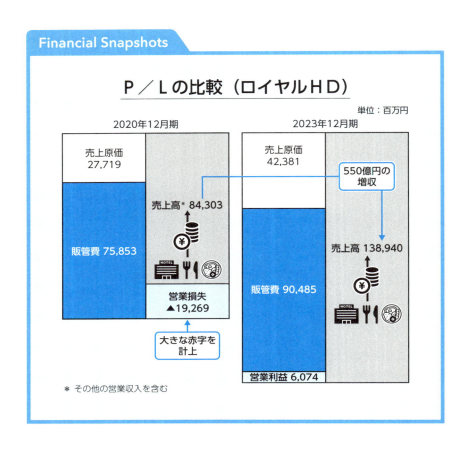

　2020年12月期の売上高（その他の営業収入を含む）が843億300万円であるのに対し、売上原価は277億1,900万円（原価率33％）、販管費は758億5,300万円（販管費率90％）です。その結果、192億6,900万円の営業損失（売上高営業利益率はマイナス23％）という大赤字を計上しています。

　一方、2023年12月期の売上高は1,389億4,000万円となっており、2020年12月期と比較すると550億円の増収です。売上原価は423億8,100万円（原価率31％）、販管費は904億8,500万円（販管費率65％）で、営業利益は60億7,400万円（売上高営業利益率4％）と黒字に回復しています。

　2020年12月期から2023年12月期にかけてのコスト構造を比較してみると、売上高に連動して増減する傾向がある「変動費」が多く含まれる売上原価の

売上高に対する割合（原価率）はそこまで減少していないものの、**売上高に連動せず一定のコストが発生する傾向を持つ「固定費」の比重が高い販管費の割合（販管費率）が大きく減少した結果、営業利益が黒字に転換したこと**が読み取れます。

続いて、ロイヤルＨＤのセグメント別業績を2020年12月期と2023年12月期の間で比較してみましょう（下図参照）。

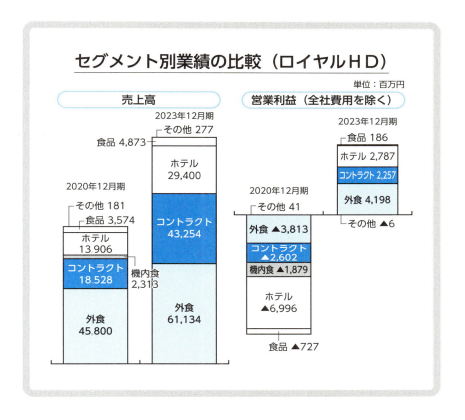

ロイヤルＨＤは外食事業のほか、空港などで飲食業態を運営するコントラクト事業、ホテル事業、食品事業を手掛けています（2020年12月期のセグメントには機内食事業が含まれていますが、双日との資本業務提携を結んだ際に、同事業を手掛ける子会社であったロイヤルインフライトケイタリング〔現双日ロイヤルインフライトケイタリング〕に対する双日の持株比率が60

％となったことを受けて、同社が持分法適用会社〔関連会社〕となったことから、2023年12月期のセグメントには含まれていません）。

このように複数の事業を組み合わせた経営を、ロイヤルＨＤでは「ポートフォリオ経営」と呼んでいます。

企業が事業ポートフォリオを構成する目的の１つには、さまざまな特性を持つ事業を組み合わせることで、単一の事業を手掛ける場合よりも業績変動のリスクを減らすことがあります。

先に述べたイートアンドＨＤのケースでは、コロナ禍において外食事業が赤字になってしまったのに対し、食品事業は堅調に推移したことで、連結としては黒字を確保することができていました。これが事業ポートフォリオを組む効果です。

一方、ロイヤルＨＤの場合は、その事業ポートフォリオの組み方がコロナ禍において裏目に出ました。

外食事業、コントラクト事業、ホテル事業、機内食事業がそろって人流の影響を大きく受ける事業であったためです。また、食品事業も外食事業やコントラクト事業に対する食品製造などを主に担当しているため、両事業の業績に大きく左右されます。

その結果、2020年12月期における各事業の業績は厳しいものとなりました。

営業損益（全社費用を加味していない）で見てみると、ホテル事業がマイナス69億9,600万円と赤字になったのを筆頭に、外食事業がマイナス38億1,300万円、コントラクト事業がマイナス26億200万円、機内食事業がマイナス18億7,900万円、食品事業がマイナス７億2,700万円とそろって赤字に転落してしまいました。

**ロイヤルＨＤのほぼすべての事業が人流に左右されるビジネスだったことが、本来であればリスクを減らすはずの「ポートフォリオ経営」がコロナ禍**

において機能しなかった要因**です。

その後、人流の回復に伴い、2023年12月期における各セグメントの業績は大きく改善しています。

営業損益では、外食事業が41億9,800万円、ホテル事業が27億8,700万円、コントラクト事業が22億5,700万円、食品事業が1億8,600万円の黒字となりました。

ロイヤルＨＤの「ポートフォリオ経営」の弱点に関して、2022年1月当時に同社の社長だった黒須康宏氏は「コロナでわれわれの事業の脆弱（ぜいじゃく）性がわかった」と語っており、「国内外におけるＭ＆Ａを視野に入れて事業構造を強固にしていかなければならない」と述べています（2022年1月23日付日経ヴェリタス）。

コロナ後の人流回復に伴って大きく業績が改善している今こそ、ロイヤルＨＤが双日との資本業務提携を踏まえて新たな事業構造をどう作り出していくのか、注目すべき状況だといえそうです。

## ☑ 海外で売上高を急拡大するトリドールＨＤの課題

最後に、トリドールＨＤについて見ていきましょう。次ページの図は、同社の2021年3月期および2024年3月期のＰ／Ｌを図解したものです。

## Financial Snapshots

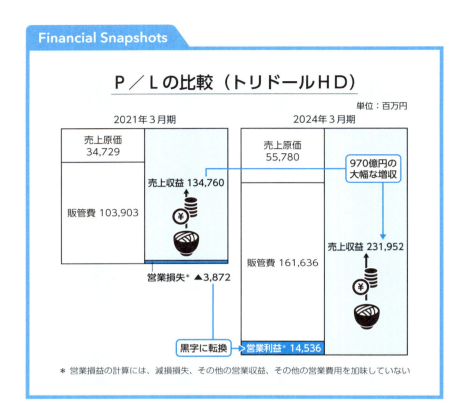

　2021年3月期の売上収益が1,347億6,000万円であるのに対し、売上原価は347億2,900万円（原価率は26％）、販管費は1,039億300万円（販管費率は77％）となっています。その結果、38億7,200万円の営業損失を計上しており、売上高営業利益率はマイナス3％でした。テイクアウトの強化などにより収益性の改善を図ったものの、やはりコロナ禍においては営業赤字という結果になりました。

　一方、2024年3月期の売上収益は2,319億5,200万円であり、2021年3月期に比べて970億円の大幅な増収となっています。売上原価は557億8,000万円（原価率は24％）、販管費は1,616億3,600万円（販管費率は70％）です。営業利益は145億3,600万円で、売上高営業利益率は6％と黒字に転換しています。

トリドールＨＤの大幅な増収の要因について、セグメント別の業績から探ってみましょう（下図参照）。

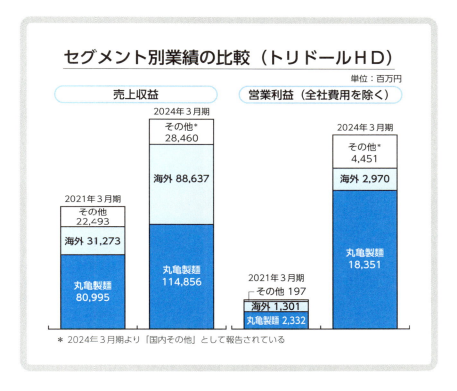

　左側の売上収益から見ると、増収幅が最も大きいのはタムジャイやMARUGAME UDONなどを展開する海外事業で、2021年3月期の312億7,300万円から2024年3月期には886億3,700万円と、比較すると2.8倍という大幅な増収になっています。

　国内で丸亀製麺を展開する丸亀製麺事業の売上高についても、2021年3月期は809億9,500万円だったのが、2024年3月期には1,148億5,600万円となっており、2021年3月期比で42％の増収です。

　**海外事業、丸亀製麺事業の双方の収益が大きく伸びたことが、トリドールＨＤの大増収につながりました。**

営業利益も大きく伸びています。営業利益（全社費用を加味していません）は丸亀製麺事業が2021年3月期で23億3,200万円だったのに対し、2024年3月期には183億5,100万円と大増益となっています。また、海外事業の営業利益についても同期間で13億100万円から29億7,000万円に増加しました。

　ただし、収益性については事業ごとに大きな差がある状況です。

　2024年3月期における売上高営業利益率は丸亀製麺事業で16％と非常に高くなっている一方で、海外事業では3％にとどまります。海外事業の売上高は大きく伸びていますが、収益性の点では課題が残っていることがわかります。

　2025年3月期以降、トリドールＨＤは国内外で出店攻勢をかけていく方針としていますが、海外事業については出店による成長を実現するとともに、収益性を高める事業モデルを確立することが求められている状況だといえるでしょう。

### ここが比較するポイント！

　このセクションでは、コロナ禍とその後の外食業のＰ／Ｌを比較してきました。外食事業と食品事業の補完関係でコロナ禍でも黒字だったイートアンドＨＤに対し、すべてが人流に左右される事業で構成されていたロイヤルＨＤではコロナ禍で厳しい状況に立たされていました。

　一方、トリドールＨＤは海外事業、丸亀製麺事業ともにコロナ禍後の業績は大きく伸びました。ただし、海外事業の収益性向上は今後の課題といえそうです。

# Chapter 1

## 5 B／SとP／Lを組み合わせて分析する
### 「まったく違う」業務スーパーとヤオコーの儲け方

ここでは、これまでに取り上げたB／SとP／Lを組み合わせて、食品スーパーの決算書を読み解いてみましょう。

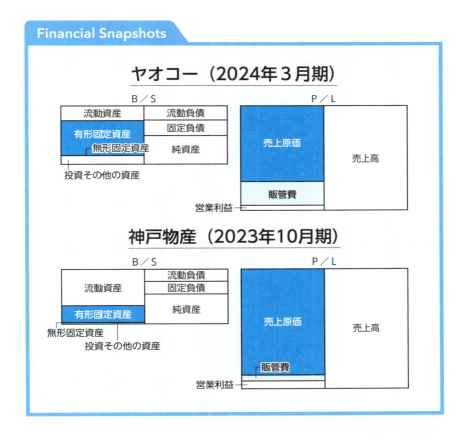

コロナ禍の巣ごもり特需で業績好調だった食品スーパー業界ですが、その後の反動減を経て再び業績が回復してきました。人件費や電気代などの光熱費や商品の原価が高騰している一方で、商品販売価格の値上げの影響もあって客単価が増加していることも好業績に寄与しているといわれます。消費者

の節約志向が強まっている中での値上げには、買い控えを招くリスクがあるものの、2023年度の決算においてはプラスに働いた格好です。

　ここでは、そうした食品スーパー業界から、2023年度決算で最高益を更新した大手**神戸物産**と**ヤオコー**の決算書を取り上げます。

　神戸物産（兵庫県加古川市）は、業務用食品などの販売を手掛ける「業務スーパー」を主力業態として展開しています。神戸物産の2023年10月期連結決算では、売上高が4,620億円、営業利益が310億円で前期比増収増益となり、それぞれ過去最高を記録しました。

　ヤオコーは、埼玉県川越市に本社を置き、関東地方で食品スーパー「ヤオコーマーケットプレイス」を展開しています。ヤオコーの2024年3月期連結決算は、売上高（営業収入を含む）が6,200億円、営業利益が290億円で、こちらも前期比で増収増益です。それだけでなく、ヤオコー単体としては35期連続での増収増益となり、売上高、営業利益ともに過去最高を更新しています。

　主に食品スーパー事業を手掛ける両社ですが、じつはそのビジネスモデルは大きく異なります。ここでは、それぞれの決算書から両社のビジネスモデルの違いについて読み解いていくことにしましょう。

## ☑ ヤオコーの収益性が高い理由

　右ページの図は、ヤオコーにおける2024年3月期の決算書を比例縮尺図に図解したものです。

　まずは左側のB／Sから見ていきましょう。B／Sの左側（資産サイド）で最大の金額を占めているのは、有形固定資産（2,050億円）です。ここには、ヤオコーが展開している店舗の建物や土地が計上されています。

　次いで大きいのは、流動資産（860億円）です。ここには、現預金が480億円計上されているほか、棚卸資産（商品及び製品、原材料及び貯蔵品）が

110億円計上されています。なお、売掛金も110億円計上されていますが、これはキャッシュレス決済に伴うものだと推測されます。

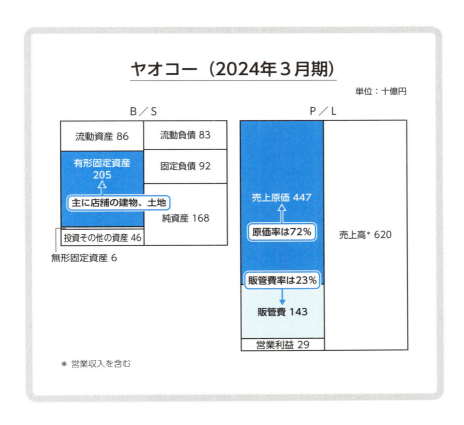

　B／Sの右側（負債・純資産サイド）には、流動負債が830億円、固定負債が920億円計上されており、有利子負債（社債、借入金およびリース負債）が流動負債に30億円、固定負債に700億円含まれています。純資産は1,680億円で、自己資本比率（＝純資産÷総資本）は49％となっています。

　続いて、P／Lについて見ていきましょう。売上高（営業収入を含む）が6,200億円であるのに対し、売上原価は4,470億円（原価率は72％）、販管費は1,430億円（販管費率は23％）です。その結果、営業利益は290億円計上されており、売上高営業利益率（＝営業利益÷売上高）は5％という水準です。**スーパーマーケットにおける売上高営業利益率の平均値が3％前後であ**

ることを踏まえると、ヤオコーの収益性は業界の中でも高くなっています。

ヤオコーでは、**消費者の節約志向に対応するために価格訴求が求められる商品の低価格対応を強める一方で、惣菜やこだわり商品などの付加価値の高いカテゴリーにも注力して利幅を確保する「二極化対応」の商品戦略**をとっています。こうした戦略が高い収益性に結びついているといえます。

## ☑ なぜ神戸物産の原価率は高く販管費率が低いのか？

次に、神戸物産の決算書についても見ていきましょう。以下の図は、神戸物産における2023年10月期の決算書を図解したものです。

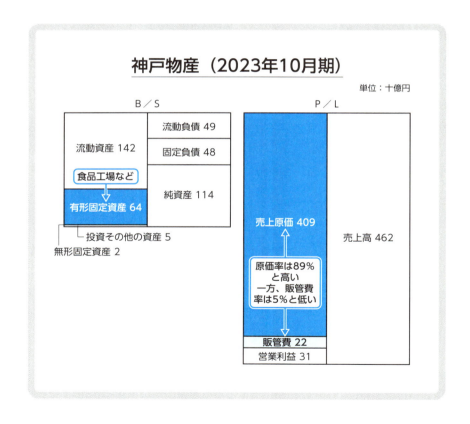

Ｂ／Ｓの左側で最大の金額を占めているのは流動資産（1,420億円）です。この流動資産には、現預金が930億円、売掛金が270億円、棚卸資産（商品及び製品、仕掛品、原材料及び貯蔵品）が190億円含まれています。

　次いで大きいのは有形固定資産（640億円）です。神戸物産の有形固定資産の内訳を見てみると、店舗の有形固定資産が多く計上されていたヤオコーとは異なり、業務スーパーの店舗の建物や土地は４店舗しか計上されていません。その他は本社や物流センター、食品製造工場やメガソーラー発電設備となっています。店舗が少ない理由については後ほど詳しく解説しましょう。

　続いて、Ｂ／Ｓの右側を見てみると、流動負債が490億円、固定負債が480億円計上されており、有利子負債（借入金、リース債務）が流動負債に10億円、固定負債に370億円含まれています。現預金を930億円保有していることを踏まえると、**神戸物産は実質無借金経営である**といえそうです。純資産は1,140億円で、自己資本比率は54％となっています。

　Ｐ／Ｌについても見ていきましょう。売上高が4,620億円であるのに対し、売上原価は4,090億円（原価率は89％）、販管費は220億円（販管費率は５％）となっています。その結果、営業利益は310億円計上されており、売上高営業利益率は７％という高水準です。

　ヤオコーの原価率72％、販管費率23％と比べると、神戸物産の原価率は17ポイント高く、販管費率は18ポイント低くなっており、コスト構造がヤオコーと大きく異なることがわかります。また、先述のとおり神戸物産では業務スーパーの店舗に関わる有形固定資産がほとんど計上されていません。この理由は一体何でしょうか。

　その理由を探るため、神戸物産のビジネスモデルについて詳しく説明しましょう。

47

## ☑ 店舗資産をほぼ持たない神戸物産の収益性が高い理由とは？

　神戸物産のビジネスモデルを解説するにあたり、まずはヤオコーと神戸物産のセグメント・部門別の売上高構成比を見てみます。

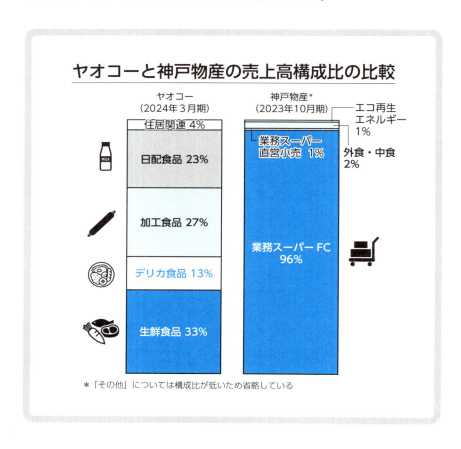

　ヤオコーの売上高構成比（上図の左）を見てみると、最も大きな割合を占めているのが生鮮食品（33％）で、加工食品（27％）、日配食品（冷蔵食品など、23％）と続いています。基本的に直営でスーパーマーケット事業を運営しているヤオコーの売上高構成比は、商品カテゴリーごとに分類されています。

　一方、神戸物産の売上高構成比（上図の右）は事業セグメント別の分類と

なっています。その中でも最大の割合を占めているのが、業務スーパーＦＣ（フランチャイズ）事業であり、その割合は96％です。その一方で、業務スーパーの直営小売事業は１％に過ぎません。

　業務スーパーの全国における店舗数は2023年10月末現在で1,048店舗となっていますが、そのうち**直営店はわずか４店舗しかなく、それ以外はすべてＦＣオーナーによる運営となっています。**そのため、神戸物産の有形固定資産には店舗の資産がほとんど計上されていないのです。

　その一方で、神戸物産の有形固定資産には多くの食品工場などの資産が計上されています。神戸物産では「食の製販一体体制」をめざし、積極的なＭ＆Ａにより多くの食品メーカーを傘下に収めてきており、こうした子会社の有形固定資産が含まれているためです。その結果、**神戸物産では、プライベートブランド（ＰＢ）商品の売上高に占める割合が国内製造と輸入を合わせて35％弱に達しています。**ヤオコーもＰＢの開発に力を入れていますが、それでもその売上高に占める割合は10％に過ぎません。

　こうしたことを考え合わせると、ＦＣ本部としての神戸物産のビジネスモデルの本質は、ＰＢをはじめとした商品の企画製造販売ということになります。いわゆるナショナルブランド（ＮＢ）については仕入れ、ＦＣ店への卸売も行なっていることから、神戸物産は「**食品メーカー**」と「**食品卸**」の特徴を併せ持つ事業形態だといえます。一般的に、**小売業に比べて卸売業の原価率は高くなる**ことから、直営で小売事業を運営しているヤオコーに比べて神戸物産の原価率は高くなっています。

　ただし、神戸物産のビジネスモデルには商品の企画製造といった付加価値もあるため、**一般的な食品卸の原価率である93〜94％**に比べると神戸物産の原価率は89％と低くなっています。加えて、店舗でかかる人件費、家賃、水道光熱費といったコストはＦＣ店側の負担となるため、神戸物産のＰ／Ｌには計上されません。そのため、神戸物産の販管費率は５％と、食品卸と同等の水準に抑えられています。その結果として、神戸物産では売上高営業利益率７％という高い収益性を実現できているのです。

なお、神戸物産は業務スーパー事業以外に、外食・中食事業やエコ再生エネルギー事業にも進出しています。いずれもまだ事業規模としては小さいものの、特に外食・中食事業は業務スーパー事業で構築したローコストなサプライチェーンを生かしたビジネスであり、その事業拡大は同社の「中期経営計画2024-2026」においても重点施策の１つに位置づけられています。業務スーパー事業の今後の成長に加えて、外食・中食事業についても注目していきたいところです。

## ここが比較するポイント！

　このセクションでは、食品スーパーを運営するヤオコーと神戸物産の決算書を比較してきました。

　直営店を主体に事業を展開するヤオコーではＢ／Ｓに店舗の有形固定資産が計上されているのに対し、ＦＣ店による事業展開に特徴がある神戸物産では店舗の有形固定資産がほとんど計上されていませんでした。

　また、Ｐ／Ｌを比較してみると、小売業としての特徴を持つヤオコーに対し、食品メーカーと卸売業の特徴を併せ持つ神戸物産では、原価率が高く、販管費率が低くなる傾向が出ていました。

　このように、Ｂ／ＳとＰ／Ｌを組み合わせて分析することで、各社の戦略やビジネスモデルをより深く分析することができるようになります。

## Chapter 1

### 6 キャッシュ・フロー計算書（CF計算書）の構造を図解する
現金の稼ぎ方と使い方をＣＦ計算書から読み解く

　３つ目の基本財務諸表として、キャッシュ・フロー計算書（ＣＦ計算書）の読み解き方をマスターしていきましょう。

　**ＣＦ計算書を作成する目的は、１年間を通じた現金の出入り（収支）を示すことにあります。**「勘定合って銭足らず」という言葉がありますが、これは、Ｐ／Ｌ上は利益が出ていたとしても、現金が足らなくなってしまっている状態を指します。

　そこで、会社の経営状態を分析する際には、支払いに必要な現金が足りているか、現金をどのように稼ぎ、そしてどのように使っているのかを把握することが重要です。**ＣＦ計算書からは、こうした現金の動きを見ることができます。**

　ＣＦ計算書についても、Ｂ／ＳやＰ／Ｌと同じように、図解して読み解く方法が有効ですが、その形式はＢ／ＳやＰ／Ｌとは異なります。ＣＦ計算書を図解する場合には、「ウォーター・フォール・チャート」にするとわかりやすく示すことができます。

　このウォーター・フォール・チャートは、期首に保有していた現金が、営業活動、投資活動、財務活動によってどれだけ変動したのかを示すグラフです。

下の図は、ＣＦ計算書の基本構造をウォーター・フォール・チャートで表したものです。グラフの一番左は**期首に保有していた現金残高**、一番右には**期末の現金残高**が表示されています。そして、その間には**営業活動によるキャッシュ・フロー**（以下、**営業ＣＦ**）、**投資活動によるキャッシュ・フロー**（以下、**投資ＣＦ**）、**財務活動によるキャッシュ・フロー**（以下、**財務ＣＦ**）という３つのＣＦが示されています。

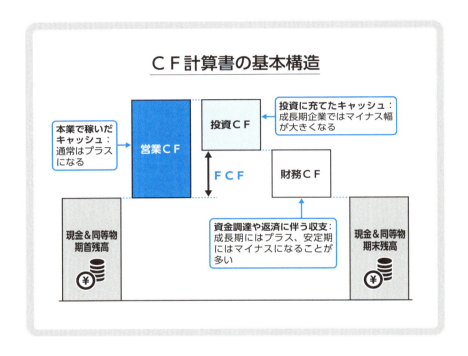

　１つ目の**営業ＣＦ**は**本業で稼いだキャッシュを示しており、通常はプラス**になります。**営業ＣＦがマイナスであるということは、会社が本業でキャッシュを稼げていないことを意味します**。営業ＣＦのマイナスが続いている会社の業績は良いとはいえず、注意する必要があります。

　２つ目の**投資ＣＦ**は投資に充てられたキャッシュを示しています。一般的に、**成長性の高い成長期の会社においては相対的に投資ＣＦのマイナス幅が大きくなり、成長性の低い安定期の企業では投資ＣＦのマイナス幅が小さくなる**傾向があります。成長期の企業では、事業拡大のために大きな投資を必

要とすることが多いためです。

　また、営業ＣＦと投資ＣＦを合計したものを、「フリー・キャッシュ・フロー（ＦＣＦ）」と呼びます。これは、営業ＣＦから純投資額を差し引いたものに相当します。**ＦＣＦがプラスであるということは、必要な投資を行なったうえで、稼いだキャッシュを有利子負債の返済や配当金の支払いに回す余裕があることを意味しています。**

　３つ目の財務ＣＦには、**資金調達や返済による現金収支が示されます。この財務ＣＦは、成長期の企業ではプラスに、安定期の企業ではマイナスになることが多くなります。**成長期の企業では成長投資のための資金が必要となるため、新たな資金調達が行なわれることで財務ＣＦがプラスとなるのに対し、安定期の企業ではキャッシュリッチ（現金が潤沢）になるため、有利子負債の返済、あるいは配当金の支払いや自社株買いといった株主還元にキャッシュが回される傾向にあるためです。

　なお、Accounting Ratiosとしては表示していませんが、「キャッシュ・フロー経営」（事業活動で稼ぎ出すキャッシュ・フローを重視する経営）において、営業ＣＦやＦＣＦはとても重要な会計指標となります。**営業ＣＦは本業で生み出したキャッシュ・フローを表しており、ＦＣＦは営業ＣＦから事業に必要な純投資額を差し引いた、借入金などの返済や株主還元に振り向けることができる原資に相当するからです。**

　そのため、キャッシュ・フロー経営を経営方針に掲げる企業の成果を測るうえで、営業ＣＦやＦＣＦは特に注目すべき指標だといえます。米**アマゾン・ドットコム**は、ＦＣＦを最も重視する姿勢を打ち出しています。日本企業においても、Chapter 2（92〜103ページ）で取り上げる**小松製作所**や、Chapter 3（144〜157ページ）の**日立製作所**や**パナソニックホールディングス**、Chapter 5（230〜243ページ）の**味の素**のように、営業ＣＦやＦＣＦをＫＰＩ（重要業績評価指標）とする企業が増えてきているのです。

## Chapter 1

### 7 ＰＰＩＨとペッパーＦＳのＣＦ計算書
「良い投資」と「悪い投資」をどう見分けるか？

　ここでは、「ドン・キホーテ」などの小売業を展開する**パン・パシフィック・インターナショナルホールディングス**（以下、ＰＰＩＨ）と、「いきなり！ステーキ」などを運営する外食の**ペッパーフードサービス**（以下、ペッパーＦＳ）のＣＦ計算書を取り上げて読み解いていきましょう。

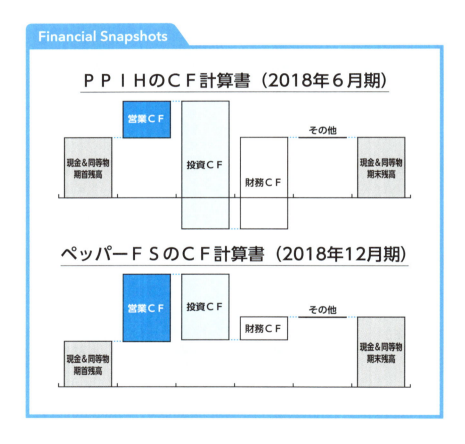

　小売と外食という異業種に属する両社ですが、じつは2017〜2019年ごろに大規模な投資を実施したという共通点があります。また、コロナ禍におい

てＰＰＩＨはインバウンド需要の消失、ペッパーＦＳは外食需要の大幅な減少という逆風にさらされた点でも共通しています。

しかしながら、コロナ禍以降の業績では大きく明暗が分かれることとなりました。

ＰＰＩＨの2024年6月期の連結決算は、売上高が2兆950億円、営業利益が1,400億円で、前期から増収増益となり、いずれも過去最高を記録しています。小売業で売上高2兆円を突破しているのは、2024年8月時点ではセブン＆アイ・ホールディングス、イオン、ファーストリテイリング、そしてＰＰＩＨの4社だけです。

一方、ペッパーＦＳの2023年12月期決算（ペッパーＦＳでは2020年12月期以降連結財務諸表を作成していないため、親会社個別の決算）では、売上高が145億8,700万円、営業損失はマイナス4億9,000万円でした。2022年12月期では売上高147億7,500万円、営業損失がマイナス15億5,500万円でしたから、損失額は減少しているものの、2019年12月期以降5期連続での営業赤字が継続しています（2019年12月期は連結決算、それ以降は個別決算）。

両社が行なった大規模投資とは一体どんなものだったのでしょうか。ここからは、両社のＣＦ計算書を詳細に見ていきましょう。

## ☑ ユニー買収で投資ＣＦが大きなマイナスとなったＰＰＩＨ

次ページの図は、2018年6月期におけるＰＰＩＨ（当時の社名はドンキホーテホールディングス）のＣＦ計算書をウォーター・フォール・チャートに図解したものです。

3つのＣＦに注目して分析してみましょう。

営業ＣＦは460億8,100万円のプラスとなっている一方で、投資ＣＦはマイナス1644億4,300万円となっています。ＦＣＦはマイナス1,183億6,200万円で、大幅な支出超過です。

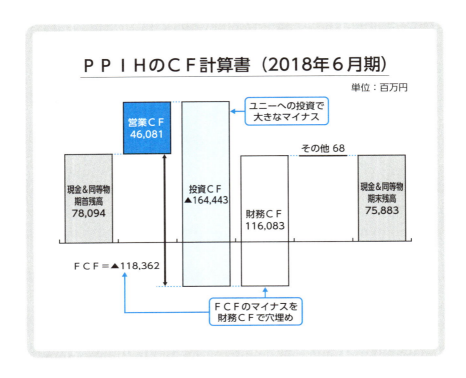

　**投資ＣＦが大きなマイナスとなった要因は、ユニー・ファミリーマートホールディングス（以下、ユニー・ファミリーマートＨＤ）との間で資本業務提携を結んだことにあります。** この資本業務提携に伴って、ＰＰＩＨは2017年11月にユニー・ファミリーマートＨＤの完全子会社（親会社にすべての株式を保有されている子会社）で、スーパーマーケット事業を運営するユニーの発行済株式総数の40％（8万株）を取得しました。

　その結果、投資ＣＦでは「関係会社株式の取得による支出」がマイナス199億7,600万円計上されています。また、同じくユニーに対しておよそ776億3,000万円の資金を長期貸付金として貸し付けたため、投資ＣＦにおける「貸付けによる支出」もマイナス779億7,900万円が計上されています。貸付金も含めると、総額で1,000億円弱をユニーに対して投資したこととなります。

　その後、ＰＰＩＨは残りのユニー株を2019年1月に取得し、同社を完全子会社化しています。新聞報道によれば、ユニーの買収総額は約2,400億円

とされます（2024年4月23日付日本経済新聞朝刊）。

ところで、ＦＣＦが大きなマイナスになっているということは、財務ＣＦによりその穴埋めをしなければ、保有する現金が目減りしてしまうことを意味します。そのため、ＰＰＩＨの財務ＣＦは1,160億8,300万円という大きなプラスになっています。財務ＣＦの内訳を見てみると、「長期借入れによる収入」が1,346億8,900万円となっており、金融機関からの長期借入金（劣後特約付ローンなど）による資金調達でユニーに対する投資を賄ったことがわかります。

## ☑ 店舗数を急拡大させていたペッパーＦＳ

続いて、2018年12月期のペッパーＦＳにおけるＣＦ計算書も見てみましょう（下図参照）。

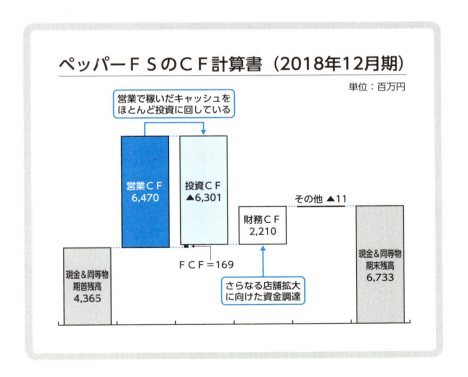

ペッパーＦＳの営業ＣＦは64億7,000万円のプラスとなっています。当時のペッパーＦＳの主力事業はペッパーランチ事業といきなり！ステーキ事業の2つであり、双方でしっかりとキャッシュを稼げていた状況がうかがえます。

　投資ＣＦはマイナス63億100万円です。営業ＣＦで稼いだキャッシュのほとんどを投資に回している状況だといえます。投資ＣＦの内訳を見てみると、「有形固定資産の取得」がマイナス59億5,800万円計上されています。この多くは、当時の成長業態であったいきなり！ステーキの出店に伴うものだと推測されます。

　フランチャイズでの展開が中心だったペッパーランチに対し、いきなり！ステーキの店舗は直営店とフランチャイズ店の2本柱での展開となっていました。いきなり！ステーキの全店舗数は2017年12月末の188店から2018年12月末の397店に急拡大していますが、その主な内訳は直営店が112店から206店、フランチャイズ店が47店から147店となっています。

　徐々にフランチャイズ店が増えているものの、依然として直営店の割合が大きいことがわかります。ちなみに、ペッパーランチの店舗の主な内訳は、2018年12月末時点で直営店が45店、フランチャイズ店が417店（うち海外店舗が315店）となっていました。

　以上から、**ペッパーＦＳの投資ＣＦが大きなマイナスになっているのは、いきなり！ステーキ直営店の急拡大によるものであった**といえます。ＦＣＦはかろうじてプラスですが、財務ＣＦは22億1,000万円のプラスになっています。これは主に長期借入金の純増に伴うものであることから、ペッパーＦＳはさらなる店舗拡大に向けて資金調達を行なっていたものと推察されます。

## ☑ 大規模投資の後に明暗が分かれた理由

　では、大規模投資の後、両社のＣＦはどのように動いたのでしょうか。まずは、ＰＰＩＨのほうから見ていきましょう。

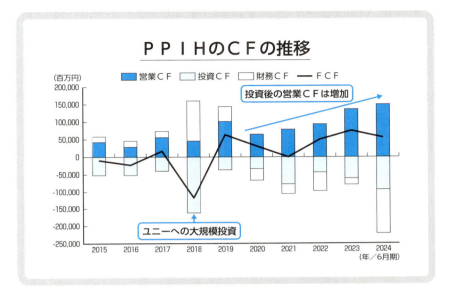

　これによれば、ＰＰＩＨの営業ＣＦは2020年6月期以降順調に増加していることがわかります（2019年6月期に営業ＣＦがいったん大きく増加していますが、これはユニー統合に伴う一時的な要因によるものと推測されます）。

　この原動力となったのが、ＰＰＩＨの完全子会社となったユニーです。**コロナ禍では、ドン・キホーテの既存店売上高がインバウンド需要の消失により低迷しましたが、ユニーは巣ごもり需要を受けて売上が好調でした。**

　さらに、ＰＰＩＨは**ユニーの一部の店舗を「ＭＥＧＡドン・キホーテ」業態に転換**するとともに、ドンキ流の経営ノウハウをユニーの店舗に導入することで、大きくテコ入れすることに成功しました。また、**ユニーの持つ生鮮食品と惣菜の調達網を活用し、その仕入れルートをドンキの店舗にも取り込んだ**と報じられています（2024年4月23日付日本経済新聞朝刊）。

　その結果、ＰＰＩＨのＧＭＳ（総合スーパー）事業における営業利益は2021年6月期には290億円だったのが、2024年6月期には342億円となっています。また、ＤＳ（ディスカウントストア）事業の営業利益も同期間で

225億円から860億円となり、大幅な増益を記録しました。

　ＰＰＩＨの社長である吉田直樹氏は前出の日本経済新聞の記事において、「買収後の収益改善、買収によるシナジー効果はいずれも、取引価格が安く見えるほどの結果を得られた」「営業利益への貢献も200億円以上になった」と述べています。ＰＰＩＨによるユニーの買収は、その後の営業ＣＦの成長につながる「良い投資」であったといえるでしょう。

　続いて、ペッパーＦＳのＣＦの推移も見ていきましょう（下図参照）。

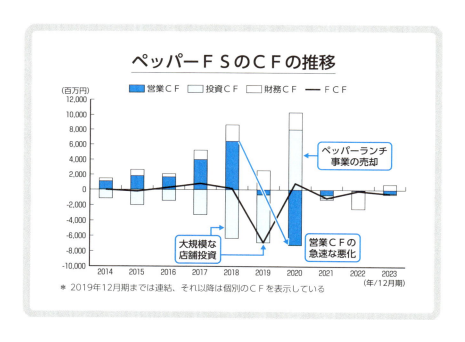

　これによれば、先に紹介した2018年12月期に加え、2019年12月期にも投資ＣＦは大きなマイナスとなっています。２年間にわたり、いきなり！ステーキを新規出店するために大きな投資を行なったことが見て取れます。

　その一方で、営業ＣＦは2018年12月期をピークに、その後大きく落ち込んでいます。特に、2020年12月期の営業ＣＦはマイナス71億5,800万円という大きな赤字となりました。

その理由の1つとして、コロナ禍における外食需要の落ち込みは確かにありました。しかしながら、コロナ禍に入る前の2019年12月期の営業ＣＦもマイナスとなっていることから、コロナ禍の影響というだけでは業績不振の説明はつかなそうです。では、その理由は何だったのでしょうか。

　ペッパーＦＳの2020年12月期第2四半期の決算説明会資料によれば、**過剰出店により自社内競合が発生し、既存店を含めた収益性が大きく低下した**ことが、いきなり！ステーキ事業の業績悪化の原因だとされています。

　その結果として、ペッパーＦＳの2019年12月期有価証券報告書には「継続企業の前提に関する事項の注記」（ＧＣ注記）が付されることとなりました。**ＧＣ注記が付くということは、今後の事業活動の継続が困難になる可能性が高く、言い換えれば、通常と比べて倒産リスクがかなり高いことを意味します。**

　以上を踏まえると、2018年12月期および2019年12月期にかけてペッパーＦＳが行なったいきなり！ステーキ事業に対する大規模な投資は、過剰出店による自社内競合の原因となりました。コロナ禍という不測の事態があったとはいえ、これは営業ＣＦを大きく減少させる「悪い投資」の事例だといえるでしょう。

## ☑ ペッパーＦＳが行なった「悪魔の増資」とは？

　こうした状況を打破すべく、ペッパーＦＳはさまざまな打ち手を講じています。資金繰りを改善するために、2020年8月には主力業態だったペッパーランチ事業を投資ファンドへ85億円で売却しました。その結果として、2020年12月期の投資ＣＦが80億6,700万円と大きなプラスに転じたことが、左ページに示したＣＦの推移からも読み取れます。

　また、第三者を割当先とした行使価額修正条項付新株予約権（通称、ＭＳワラント）による資金調達も行ないました。**ＭＳワラントによる資金調達は、新株予約権の行使価額が株価の変動に合わせて修正される**点にその特徴があります。

投資家にとっては行使にあたって常に一定の利ざやが確保できる仕組みであり、**調達側にとっては修正後の行使価格が下限価格を下回らなければ資金調達が進む**というメリットがありますが、**１株当たり利益の希薄化などが、株価を引き下げる圧力となります**。ＭＳワラントが一部の投資家から「悪魔の増資」といわれる理由です。こうしたＭＳワラントによる資金調達に頼らねばならないほど、ペッパーＦＳの台所事情は追い込まれていたともいえます。

　加えて、**過剰出店による自社競合を解消するため、店舗数の削減を行ないました**。2020年12月期以降、2023年12月末までに151店舗の閉店を決定。いきなり！ステーキの店舗数は2019年12月末時点で493店（うち直営店290店）だったのが、2023年12月末時点では190店（同134店）にまで減少しました。こうした店舗数の削減とともに、店舗における収益性改善や本社費用の削減といった施策を実施してきたとされます。

　こうした必死の対策は功を奏しつつあるように見えます。2024年12月期上期累計では売上高が69億8,200万円、営業利益が100万円となり、かろうじて営業黒字に転じました。また、営業ＣＦの改善に伴って当面の資金繰りに対する懸念がなくなったとして、2024年12月期半期報告書ではＧＣ注記の記載を解消しています。

**ここが比較するポイント！**

　ここでは、ＰＰＩＨとペッパーＦＳのＣＦから、「良い投資」と「悪い投資」の違いについて解説してきました。

　大規模な投資を行なった後にきちんと営業ＣＦが成長しているのか、言い換えれば大規模投資に対してその後キャッシュを回収できているのか、ＣＦ計算書から読み解くことが重要です。

## Column

# Ｂ／ＳやＰ／Ｌ、ＣＦ計算書の図解の方法

　本書では、Ｂ／Ｓ、Ｐ／Ｌ、ＣＦ計算書といった決算書を、比例縮尺図やウォーター・フォール・チャートに図解することで、いろいろな会社の決算書をビジュアルで比較しながら図鑑のように見られるように工夫しています。

　ここでは、自分自身が関心を持っている会社の決算書を図解してみたいと思った方のために、決算書を読み解くときの基本である、Ｂ／ＳとＰ／Ｌの比例縮尺図、そしてＣＦ計算書のウォーター・フォール・チャートをエクセル※でつくる方法について解説しましょう。

### ■ 元になる決算書を探す

　比例縮尺図を作成するにあたっては、まず元になる決算書を見つける必要があります。上場企業であれば、「有価証券報告書」や「決算短信」といった書類で決算書が開示されていますので、そのデータを使って比例縮尺図を作成することができます。

　具体的には、「〇〇（会社名）　有価証券」「〇〇（会社名）　決算短信」といったキーワードで検索すると、その会社のＩＲ（投資家向けの広報）サイトなどがヒットするはずです。そうしたサイトから有価証券報告書や決算短信をダウンロードし、必要なページをプリントアウトして使用するとよいでしょう。

　また、作成しようと思っている会社が上場していない場合でも、「決算公告」から財務データを入手できる場合があります。決算公告とは、会社法の規程にもとづき、株式会社が財務情報を開示しているものです。すべての株式会社が決算公告を作成しているわけではありませんし、Ｂ／Ｓしか開示していないケースも多いのですが、未上場企業の決算書を入手したい場合には、「〇〇（会社名）　決算公告」といったキーワードから開示されている決算書を

※エクセルのバージョンはExcel for Microsoft 365 MSO（2024年10月時点）として、本コラムを記述しています。

見つけられることがありますので、試してみる価値はあります。

■ **エクセルにデータを入力し、比例縮尺図を作成する**

続いて、決算書のデータをエクセルに入力します。このChapterでも取り上げたヤオコーのP／L（2024年3月期）であれば、エクセルのシートに以下のようなデータ（ここでは百万円単位の金額で）を入力します。

|  | 費　用 | 収　益 |
|---|---|---|
| 売上高 |  | 619,587 |
| 売上原価 | 446,763 |  |
| 販管費 | 143,495 |  |
| 営業利益 | 29,328 |  |

次に、これらのデータをすべて選択したうえで、「挿入」タブから「積み上げ縦棒」グラフを作成すると、下のようなグラフをつくることができます。

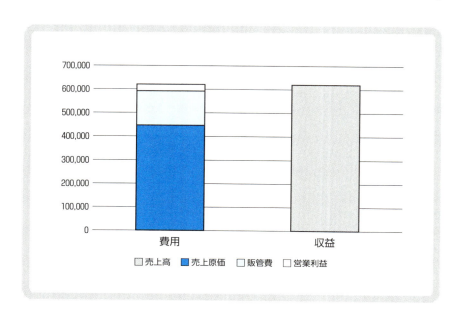

このグラフを比例縮尺図にするために、次のような手順で書式を整えていきます。

① グラフの縦軸をダブルクリックして、「**軸の書式設定**」で「**軸を反転する**」に☑をつける
② 棒グラフ部分を右クリックして、「**データ系列の書式設定**」から「**要素の間隔**」を **0%** にする
③ グラフをクリックして、「**グラフのデザイン**」タブから「**グラフ要素を追加**」→「**データラベル**」→「**中央**」を選択
④ グラフ中のデータラベルの数字をダブルクリックし、「**ラベルオプション**」の中の「**系列名**」に☑をつける
⑤ 軸や凡例などの不要な要素を削除し、好みの書式に整えてタイトルを入力する

こうしてでき上がったのが、下のようなＰ／Ｌの比例縮尺図です。

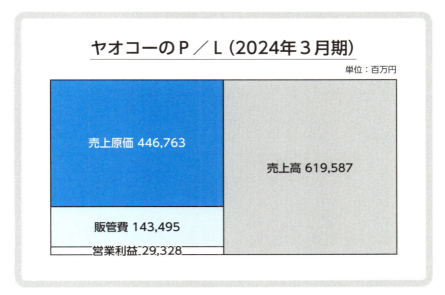

これで、ヤオコーのＰ／Ｌの比例縮尺図ができました。今回は金額ベースで比例縮尺図をつくりましたが、エクセルで比率を計算して同様のグラフを作成すれば、比率ベースの比例縮尺図もつくることができます。

　また、Ｂ／Ｓの比例縮尺図をつくる際には、エクセルのシートに以下のようなデータを入力すれば、Ｐ／Ｌと同様の方法で作成することができます。

|  | 資　産 | 負債・純資産 |
|---|---|---|
| 流動資産 | 86,135 |  |
| 有形固定資産 | 204,711 |  |
| 無形固定資産 | 5,643 |  |
| 投資その他の資産 | 45,918 |  |
| 流動負債 |  | 82,871 |
| 固定負債 |  | 91,635 |
| 純資産 |  | 167,902 |

　最後に、ＣＦ計算書のウォーター・フォール・チャートのつくり方について説明しましょう。まず、エクセルのシートに以下のようなデータを入力します。

| 項　目 | 金　額 |
|---|---|
| 現金＆同等物期首残高 | 45,777 |
| 営業ＣＦ | 37,163 |
| 投資ＣＦ | -26,785 |
| 財務ＣＦ | -8,075 |
| 現金＆同等物期末残高 | 48,079 |

　続いて、これらのデータをすべて選択したうえで、「**挿入**」タブから「**ウォーターフォール図、じょうごグラフ、株価チャート、等高線グラフ、レー**

ダーチャートの挿入」を選択し、「**ウォーターフォール**」を作成すると、以下のようなグラフができます。

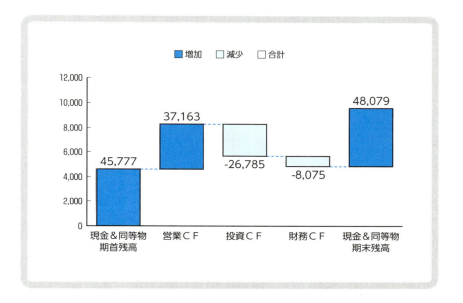

その後、以下のような手順で書式等を整えていきます。

① 「**現金＆同等物期首残高**」と「**現金＆同等物期末残高**」のグラフ部分を２回クリックし、「**系列のオプション**」で「**合計として設定**」に☑をつける
② 軸や凡例など不要な要素を削除し、好みの書式に整えてタイトルを入力する

すると、次ページのようなＣＦ計算書のウォーター・フォール・チャートをつくることができます。

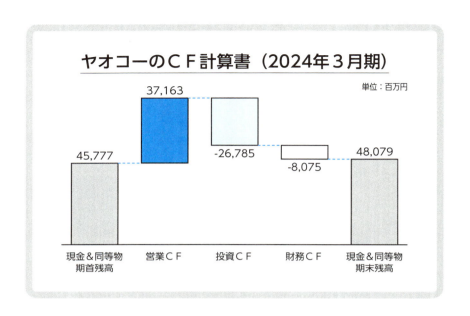

　決算書の図解は分析を行なううえで、とても強力な武器となります。ぜひ、関心のある会社のＢ／Ｓ、Ｐ／Ｌの比例縮尺図、そしてＣＦ計算書のウォーター・フォール・チャートをつくって分析してみてください。

# Chapter 2

## 収益性指標と決算書

### 決算書＆指標を「図解×比較」した事例企業

帝国ホテル **VS** リゾートトラスト……71

帝国ホテル　2022年3月期 **VS** 2023年3月期……74

リクルートHD　2017年3月期 **VS** 2022年3月期……82

コマツ **VS** キャタピラー……93

オムロン　2023年3月期 **VS** 2024年3月期……105

# Chapter 2

## 1 売上高営業利益率で本業の稼ぐ力がわかる
「会員制ホテル」がコロナ禍でも連続大幅黒字だった秘密

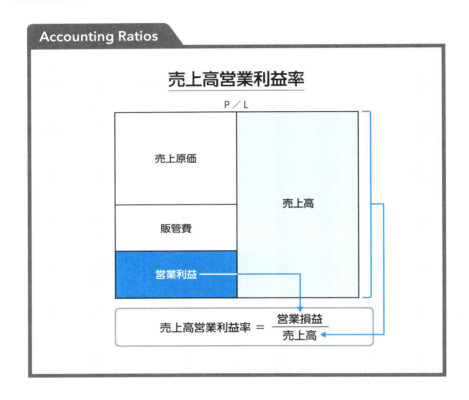

### 指標のトリセツ

**売上高営業利益率**は、本業での「**儲ける力**」を見るうえで最も基本的な指標の1つです。売上高が営業利益に結びついているかどうかという視点に立った指標です。

売上高営業利益率を見る際には、P／Lの構造を踏まえる必要があります。「**営業利益＝売上高－売上原価－販管費**」ですから、どの要因が売上高営業利益率に影響を与えたのか、切り分けて分析することが重要です。

## ☑ リゾートトラストがコロナ禍でも黒字だった理由とは？

ここでは、左ページで取り上げた売上高営業利益率を使って、ホテル2社（**帝国ホテル**と**リゾートトラスト**）の決算書について解説しましょう。

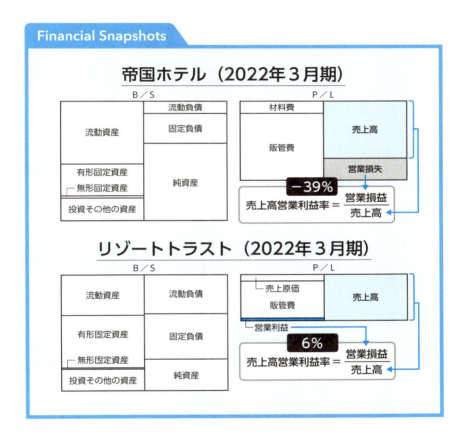

コロナ禍で業績不振に苦しんでいたホテル業界ですが、行動制限の緩和や訪日外国人の増加、そして行政による旅行促進キャンペーン等により、2023年ごろには徐々にその苦境から抜け出しつつありました。

2023年3月期決算の状況を見ると、リーガロイヤルホテルなどを展開するロイヤルホテルの営業損益は29億8,600万円の赤字（前期は82億1,700万円の赤字）、ホテルオークラ京都などを運営する京都ホテルでは3,000万円の

営業赤字（同19億5,900万円の赤字）、ここで取り上げる帝国ホテルは3億4,800万円の営業黒字（同111億2,100万円の赤字）となるなど、いずれもコロナ禍の業績不振からようやく回復してきていました。

　一方で、会員制リゾートホテル「エクシブ」などを展開するリゾートトラストの営業損益の状況を見てみると、2021年3月期には147億700万円の黒字、22年3月期は86億9,300万円の黒字、23年3月期は122億7,000万円の黒字と、**コロナ禍におけるリゾートトラストの業績は「独り勝ち」**の様相です。

　リゾートトラストは、数百万円から数千万円という価格でリゾートホテルの会員権を販売し、ホテル事業などを運営しています。こうしたリゾート地に建てられたホテルには、基本的に会員と家族や紹介者しか宿泊することはできません。

　コロナ禍でホテル業界全体が業績不振のさなかにあって、リゾートトラストが黒字を維持できた理由とは何だったのでしょうか？

　コロナ禍の影響がいまだ大きかった2022年3月期における帝国ホテルとリゾートトラストの決算書を比較しながら、その理由について探っていきましょう。

## ☑ コロナ禍で大きな赤字となった帝国ホテルの決算書

　帝国ホテルの決算書から見ていきましょう（右ページの図参照）。

　B／Sの左側（資産サイド）で最大の金額となっているのは、流動資産（312億100万円）です。流動資産の多くを占めているのは、有価証券（159億500万円）、現預金（122億1,600万円）であり、有価証券を含めて手元資金に近い資産がほとんどとなっていることがわかります。

　次いで大きいのは、有形固定資産（150億1,200万円）です。この大半は建物及び構築物（96億5,100万円）となっており、ホテルの建物などが主に計上されています。一方、土地は27億8,300万円しか計上されていません。

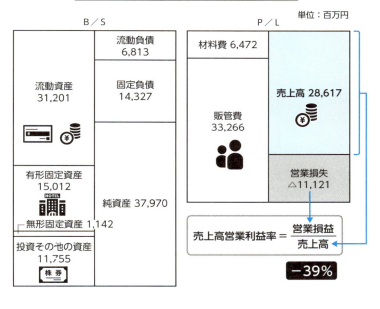

　帝国ホテル東京は日比谷の一等地にあり、ホテル施設などの土地の半分弱を保有していますが、じつはこの土地の帳簿価額は200万円に過ぎないのです。これは、土地の帳簿価額が取得時の価額（取得原価）で表示されていることによります。

　投資その他の資産（117億5,500万円）の大半は投資有価証券（61億3,400万円）で占められています。ここには取引先などの株式（いわゆる政策保有株式）のほか、運用目的で保有している債券などが含まれています。

　続いて、B／Sの右側（負債・純資産サイド）を見ていきましょう。流動負債が68億1,300万円、固定負債が143億2,700万円となっていますが、ここには銀行からの借入金などの有利子負債は計上されていません。**帝国ホテルは「無借金経営」を行なっている**といえます。

純資産は379億7,000万円で、自己資本比率（＝純資産÷総資本）は64％となっています。

　Ｐ／Ｌでは、売上高が286億1,700万円であるのに対し、材料費（売上原価に相当します）が64億7,200万円、販管費が332億6,600万円計上されています。

　営業損失はマイナス111億2,100万円で、このセクションの冒頭で説明した売上高に対する営業損益の割合を示す売上高営業利益率（＝営業損益÷売上高）はマイナス39％と、大きな赤字です。

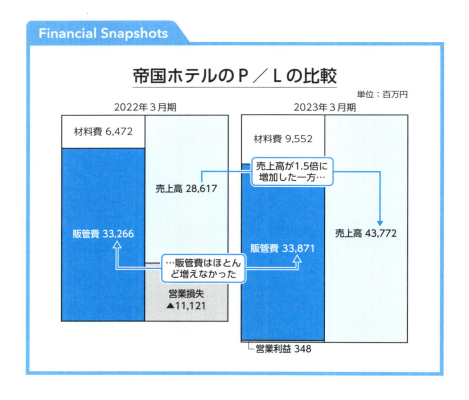

　上の図で2022年３月期と2023年３月期のＰ／Ｌを比較してみると、売上高が437億7,200万円と1.5倍に増加し、材料費も95億5,200万円へと増加している一方で、販管費は338億7,100万円とほとんど増加していません。

販管費の主な内訳を見てみると、人件費や賃借料、業務委託費、減価償却費などで占められていることがわかります。**これらの費用は、売上高にかかわらず一定額が発生する、いわゆる固定費に近い性質を持つ費用**です。

　ホテル業は、こうした固定費がコストの多くを占める「固定費型」のビジネスになっているのです。

　**固定費型ビジネスの場合、売上高が費用を上回ると大きな利益を生み出すことになりますが、売上高が費用に満たない場合、大きな赤字を計上する傾向があります。**

　コロナ禍においてホテル各社の決算が大幅な赤字になったのには、こうしたコスト構造も大きく影響しています。

## ☑ 安定黒字の不動産賃貸事業でも赤字を埋めきれず

　帝国ホテルは、東京、大阪、上高地で展開するホテル事業に加えて、帝国ホテルタワーにおいてオフィスや商業施設の賃貸事業（不動産賃貸事業）を行なっています。

　そこで、次ページの事業別営業利益の推移（18年3月期〜23年3月期）を見てみましょう。

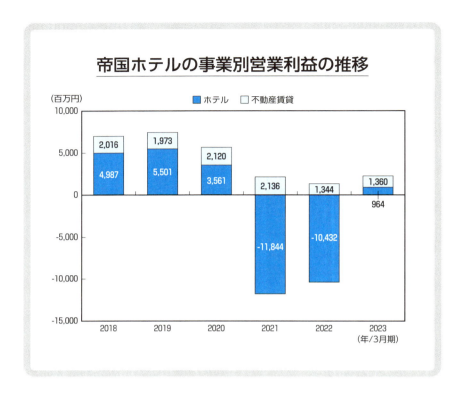

　ホテル事業の営業損益は2021年3月期に118億4,400万円の赤字、2022年3月期には104億3,200万円の赤字と、2期にわたって大きな赤字を計上しています。

　不動産賃貸事業は期間を通じて安定した営業利益を上げていますが、それでも2021年3月期、2022年3月期のホテル事業における赤字を埋めるには至っていません。

　一方、2023年3月期はホテル事業も黒字に転換しています。これは、**ホテルの稼働率や客単価、レストランや宴会需要の回復が見られたことに加え、ホテルの一部を長期滞在型のサービスアパートメントに改装するといった事業構造改革を行なってきたことが功を奏した**結果だといえます。

## ✅ コロナ禍でも営業黒字のリゾートトラストの決算書

続いて、リゾートトラストの決算書も見てみましょう。

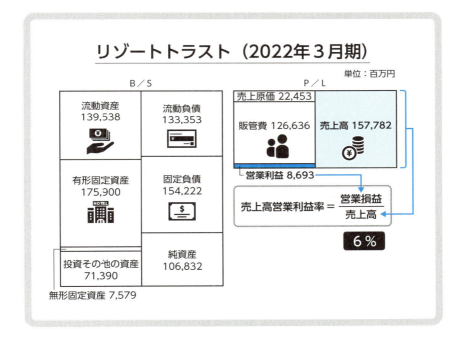

　Ｂ／Ｓの左側で最も大きな金額を占めているのは、有形固定資産（1,759億円）です。これは、全国各地に展開している「エクシブ」をはじめとしたリゾートホテルの建物や土地が有形固定資産に計上されているためです。

　次いで大きいのは、流動資産（1,395億3,800万円）です。この半分以上を占めているのは、営業貸付金（442億5,000万円）と割賦売掛金（331億5,500万円）です。これらは、リゾートトラストが新規に開業するリゾートホテルの会員権を販売する際に組まれたローンなどの債権です。

　Ｂ／Ｓの右側には、流動負債が1,333億5,300万円、固定負債が1,542億2,200万円計上されており、これらには借入金や社債、リース債務といった有利子負債が合計で648億7,600万円含まれています。

また、流動負債および固定負債には会員権販売により生じた前受金や長期預り保証金なども計上されています。純資産は1,068億3,200万円で、自己資本比率は27％です。

　Ｐ／Ｌには、売上高が1,577億8,200万円計上されている一方、売上原価は224億5,300万円、販管費は1,266億3,600万円となっています。

　営業利益は86億9,300万円で、売上高営業利益率は6％です。

　先に述べたように、コロナ禍にあってもリゾートトラストは売上高営業利益率をプラスにすることに成功しています。その要因とは何なのでしょうか？

　リゾートトラストがコロナ禍でも営業利益を出すことに成功した理由を解き明かす鍵は、下図の事業別営業利益の推移にあります。

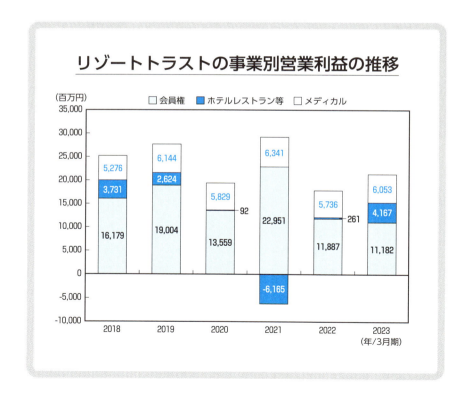

事業別営業利益の推移から、**リゾートトラストの事業別に見た利益の稼ぎ頭は**「会員権事業」**である**ことがわかります。

これは、新規に開業する会員制ホテルの会員権を販売するもので、コロナ禍においてもこうした会員権の販売が好調に推移したことから、安定した利益を稼ぐことに成功しています。

すでにオープンしたホテルやレストランの運営事業は「ホテルレストラン等事業」として表示されています。

コロナ禍の影響を最も大きく受けた2021年3月期において、ホテルレストラン等事業の営業損益は61億6,500万円の赤字となっていますが、それ以上に会員権事業の黒字が大きかったため、全体としての営業利益は黒字になっていたわけです。

さらに、2022年3月期にはホテルレストラン等事業も再び営業黒字に転じています。感染者の多かった都市部に位置しているシティホテルに比べてリゾートトラストのホテルにおける稼働率の回復が早かったことがその要因です。

同社の2022年3月期の有価証券報告書では、「『会員制らしい』安心と安全を最優先したホテル運営の認知が広がったこと」が増収増益の理由として挙げられています。

なお、リゾートトラストではリゾートホテル以外に**会員制医療サービスの会員権販売や介護付き有料老人ホームの運営などを行なう**「メディカル事業」**を展開しており、この事業も全体の営業利益に貢献しています。**

### ここが比較するポイント！

ここまで、コロナ禍で帝国ホテルとリゾートトラストの業績に明暗が分かれた理由について決算書と売上高営業利益率から解説してきました。

コロナ禍においてホテルの稼働率やレストラン・宴会需要が落ち込んだことで大きな営業赤字を計上した帝国ホテルに対し、新たに開業するリゾートホテル会員権の販売が好調だったリゾートトラストでは、安定した利益を上げることに成功していました。

　帝国ホテルでは、2024年度から2036年度にかけて帝国ホテル東京の建て替えを計画しています。こうした建て替えに必要な資金は最大で2,500億円が想定されており、銀行からの借り入れなどにより調達する予定とされています（2021年３月26日付日本経済新聞朝刊）。

　そのため、帝国ホテルではこれまでの無借金経営から一転して、大きな有利子負債を抱えることになります。建て替え後はホテルで利益を生み出すとともに、不動産賃貸事業やサービスアパートメントなどで安定的な利益を生み出していけるような事業構造をめざしていく必要がありそうです。

　リゾートトラストでは、会員権事業が好調であったため、グループ全体としての営業損益はコロナ禍にあっても黒字を維持することができていました。しかしこのことは、魅力的なリゾートホテルを次々と開業させていかなければ、収益性を高めていくことが難しい事業構造になっていることを意味しています。

　そうした観点からすれば、新たなリゾートホテルの開業を進めていくことに加えて、既存のホテルの魅力を高め、そうしたホテルやレストランから生み出される利益の比重を高めていくこともリゾートトラストにとっての経営上の課題になっているといえそうです。

# Chapter 2

## 2　EBITDAは営業利益と何が違うのか？
リクルートHDがEBITDAを採用した理由と大リストラの背景

**Accounting Ratios**

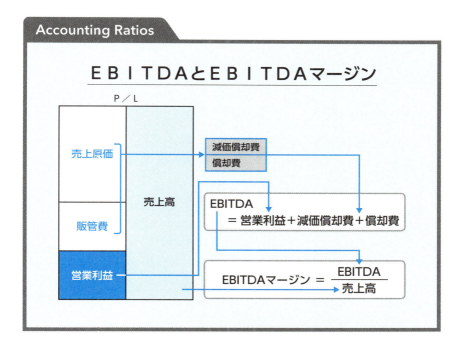

### 指標のトリセツ

**EBITDA**は、営業利益に有形固定資産の減価償却費と無形固定資産の償却費を足したものです。現金の支出を伴わない費用の代表格である減価償却費を足し戻しているため、キャッシュ・フローに近い指標といえます。M&Aに伴って計上されるのれんの償却費や、設備投資による有形固定資産の減価償却費の影響が相殺されるため、**先行投資が大きな企業の収益性を測ったり、グローバルで業績を比較したりするのにも適しています。**

売上高に対する比率指標として、EBITDAを売上高で割った**EBITDAマージン**もよく用いられます。

## ☑ 米インディードの大リストラに踏み切ったリクルートHD

　ここでは、ＫＰＩ（重要業績評価指標）に調整後ＥＢＩＴＤＡ（以下、EBITDA）を採用しているリクルートＨＤの事例を取り上げます。EBITDAは、Earnings Before Interest, Taxes, Depreciation, and Amortizationの頭文字を取ったもので、利払前税引前償却前利益とも呼ばれます。

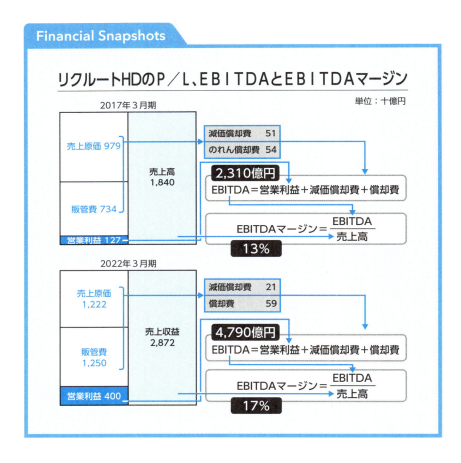

　2023年３月23日、リクルートＨＤは傘下の米インディードを中心としたＨＲテクノロジー事業において2,400人に及ぶリストラ（人員削減）を行なうと発表しました。この数は、ＨＲテクノロジー事業における従業員数の約15％に相当する大規模なものです。

なぜリクルートＨＤはＨＲテクノロジー事業の大規模なリストラに踏み切ったのでしょうか。また、そのリストラの目的は何だったのでしょうか。

リクルートＨＤがＫＰＩにEBITDA（利払前税引前償却前利益）を掲げる理由と、経営戦略の関係について決算書のデータをひも解きながら解説した後、ＨＲテクノロジー事業において大規模なリストラを行なう理由と目的について見ていきましょう。

## ☑ リクルートＨＤの決算書の特徴とは？

以下の図は、リクルートＨＤにおける2022年３月期のＢ／ＳとＰ／Ｌを図解したものです。

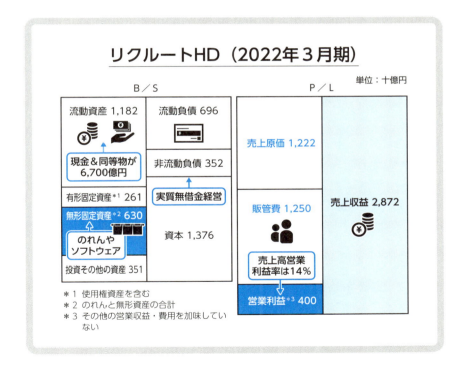

まずはＢ／Ｓから見ていきます。Ｂ／Ｓの左側（資産サイド）で最大の金額を占めているのは、流動資産（１兆1,820億円）です。このほとんどを占

めているのは、現金及び現金同等物（6,700億円）と営業債権及びその他の債権（4,680億円）です。

　それに次いで大きいのは、無形固定資産（のれんと無形資産の合計、6,300億円）です。リクルートＨＤの有価証券報告書によれば、のれん（4,360億円）の大半はＨＲテクノロジー事業に帰属しており、今回リストラの対象となったインディードなどを買収した際に発生したものであることがわかります。また、**無形資産（1,940億円）の大半はソフトウェア（1,070億円）で占められています。**

　リクルートＨＤの現社長である出木場久征氏が主導した**2012年のインディード買収以降、リクルートＨＤではテクノロジーを重視する経営にかじを切っています。**そうした経営戦略を実行してきた結果がＢ／Ｓの左側に表れているといえます。

　Ｂ／Ｓの右側（負債・純資産サイド）を見てみると、流動負債が6,960億円、非流動負債（固定負債に相当します）が3,520億円計上されており、社債及び借入金が合計で610億円含まれています。

　それ以外にも、リース負債が流動負債と固定負債の合計で2,110億円計上されていますが、現金及び現金同等物を6,700億円保有していることから、**リクルートＨＤは実質無借金経営である**ことがわかります。資本（純資産に相当します）は1兆3,760億円で、<u>自己資本比率</u>（＝資本÷総資本〔総資産〕）は57％です。

　続いて、Ｐ／Ｌについても見ていきましょう。売上収益（売上高に相当します）が2兆8,720億円であるのに対し、売上原価は1兆2,220億円で原価率は43％、販管費は1兆2,500億円で販管費率は44％です。その結果、営業利益（その他の収益・費用は加味していません）は4,000億円計上されており、<u>売上高営業利益率</u>は14％という水準になっています。

## ☑ リクルートＨＤがEBITDAを採用する理由

冒頭でも触れたように、リクルートＨＤはＫＰＩの１つとしてEBITDAを採用しており、その成長率を取締役や執行役員の業績報酬にも反映させています。

なぜ、リクルートＨＤでは営業利益ではなく、EBITDAをＫＰＩとして採用しているのでしょうか。

EBITDAは営業利益にキャッシュ・アウト（現金支出）を伴わない費用の代表格である減価償却費や無形固定資産の償却費を足し合わせて計算されるため、**キャッシュ・フローの創出力の目安となる指標**として捉えることができます。また、国ごとに違う利率や税制、減価償却の方法に左右されないため、**グローバルで業績を比較する際にも使用しやすい指標**とされます。

リクルートＨＤが日本の会計基準（日本基準）を採用していた当時の2017年３月期のＰ／ＬとEBITDAを見てみましょう（下図参照）。これによれば、営業利益1,270億円に対し、EBITDAは2,310億円、EBITDAマージンは13％となっています。

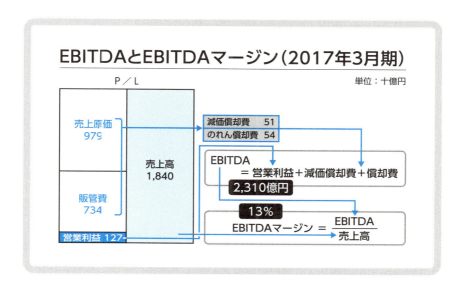

営業利益にのれんの償却費と有形固定資産の減価償却費を足し戻しているため、**EBITDAはＭ＆Ａや設備投資を行なった結果生じる現金支出を伴わない費用の影響を受けません。**

　2017年３月期の有価証券報告書によれば、EBITDAをＫＰＩとして採用した理由として「Ｍ＆Ａ等を活用した事業基盤の強化や拡大を積極的にめざしていくなかで、**各国の会計基準の差異にとらわれることなく企業比較が可能なEBITDAを業績の指標として採用**」していると述べられています。

　日本の会計基準においては、ＩＦＲＳ（国際財務報告基準）や米国会計基準とは違い、Ｍ＆Ａに伴って計上される「のれん」が償却の対象となるため、営業利益を計算する際にはその償却費が差し引かれることとなります。そのため、積極的なＭ＆Ａを妨げることのないよう、多国間での業績比較に適したEBITDAをＫＰＩとして採用していたのです。

　その後、2018年３月期よりリクルートＨＤでは適用する会計基準をＩＦＲＳへと変更しています。ＩＦＲＳでは、のれんが償却対象でないため、EBITDAと営業利益の差を生み出す要因にはなりません。それにもかかわらず、ＩＦＲＳ採用後もリクルートＨＤがEBITDAをＫＰＩとして使い続けているのはなぜでしょうか。

　その理由を探るために、ＩＦＲＳに変更した後にあたる2022年３月期のＰ／ＬからEBITDAを計算してみましょう（右ページの図参照）。

　これによれば、営業利益が4,000億円であるのに対し、EBITDAは4,790億円、EBITDAマージンは17％となっています。EBITDAを計算する際に足し戻した減価償却費および償却費の内訳を有価証券報告書から調べてみると、ソフトウェアの償却費が最も多く、410億円が計上されています。また、ソフトウェアは主に自己創設ソフトウェアであると記載されていることから、自社開発のものであることがわかります。

　つまり、ＫＰＩとなる利益の計算からソフトウェアに対する投資の影響を取り除くことで、**ＫＰＩが積極的なソフトウェア投資の妨げにならないよう**

にすることが、**EBITDAをＫＰＩとして採用しているもう１つの理由**だと推測できます。

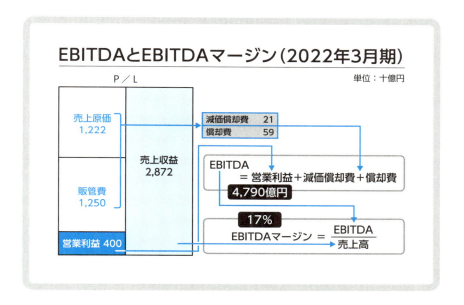

　ＩＦＲＳ採用後もEBITDAをＫＰＩとして採用しているのは、**リクルートＨＤがテクノロジー重視の経営を推進していることとも密接に関連している**と捉えたほうがよさそうです。

## ☑ 急成長を遂げたインディード

　続いて、リクルートＨＤがインディードを中心としたＨＲテクノロジー事業において大規模リストラに踏み切った理由と、その目的について解説しましょう。

　インディードは、求人情報を専門に扱う検索エンジンです。インディードでは、求人サイトや企業の採用ページなどの情報を収集しており、求職者はそれらの情報をインディードのサイトを通じて検索し、求人への応募を行ないます。また、求人を行なう企業は有料でインディードに求人広告を掲載することもできます。

出木場氏はインディードを通じて「１クリックで仕事に就ける世界をめざす」（2023年３月17日付日本経済新聞朝刊）と述べています。同様の事業にはGoogleなどの米ＩＴ大手も参入しており、ＨＲテクノロジー事業はリクルートＨＤが掲げるテクノロジー重視の経営戦略において象徴的な存在であるといえます。

　インディードの持つテクノロジーとリクルートＨＤが持つ営業力を組み合わせることで、ＨＲテクノロジー事業は急速な成長を遂げました。その2022年３月期における売上収益は8,610億円で、2017年３月期の1,330億円（ＩＦＲＳ）と比較すると、じつに６倍以上の規模となっています。また、2023年３月期決算によれば、ＨＲテクノロジー事業の売上収益は１兆1,160億円と過去最高を更新しました。

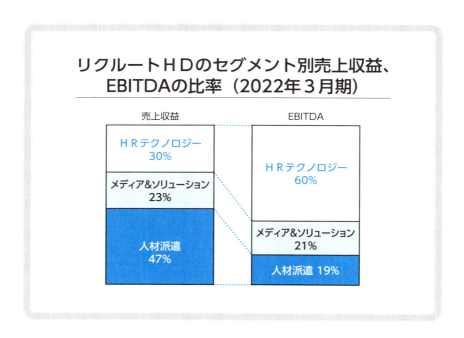

　ＨＲテクノロジー事業では収益性も高くなっています。上の図によれば、2022年３月期におけるＨＲテクノロジー事業の売上収益に占める割合は30％であるのに対し、EBITDAに占める割合は60％です。

ＨＲテクノロジー事業におけるEBITDAの金額は2,930億円で、同事業におけるEBITDAマージンは34％となっており、2017年3月期の13％（ＩＦＲＳ）に比べてこちらも大きく伸びています。2022年3月期におけるメディア＆ソリューション事業のEBITDAマージンは16％、人材派遣事業では7％であることからしても、ＨＲテクノロジー事業の収益性の高さが読み取れます。

## ☑ インディードの大規模リストラに踏み切った理由とは？

　事業規模の拡大に伴って、従業員数も大きく増加しました。以下の図は、リクルートHDにおける2018年3月期から2022年3月期までの従業員数を事業セグメント別にまとめたものです。

これによれば、ＨＲテクノロジー事業の人員数は2018年３月期末の5,904人から2022年３月期末の１万3,161人へと、7,257人増加しています。大規模リストラを発表した際には、１万6,000人程度の規模にまで増加していたと推定されます。

このように、ＨＲテクノロジー事業は事業規模も収益性も大きく伸びていました。それにもかかわらず、リクルートＨＤが大規模リストラに踏み切ったのはなぜでしょうか。その背景には、米国における求人広告需要の急速な減少があります。

2023年３月期第３四半期の決算説明会において出木場氏は、同四半期におけるインディードの米国内求人数が前年比マイナス3.5％だったのに対し、有料求人広告数はマイナス33％だったと明かしました。そして、このことは、**お金をかけてまで人材を採用したいという需要が大幅に減少している**ことを意味していると述べています。また、**今後２～３年で、コロナ禍前の求人水準以下にまで米国における採用需要が縮小する可能性が高い**という見通しも示しています。

こうした米国における採用需要の減退などによりＨＲテクノロジー事業の売上収益の減少が予想されているため、このままいけばEBITDAも今後大きく低下することになります。こうした点が、ＨＲテクノロジー事業の大規模リストラの背景にあります。

では、ＨＲテクノロジー事業における大規模リストラが、リクルートＨＤがテクノロジー重視の経営から後退することを意味するのかといえば、おそらくそうではありません。先の決算説明会において、出木場社長は「ＡＩやマシンラーニングといった技術に投資し続ける」ことをめざしており、「戦略的な投資が継続できるような準備」を進めてきたと述べているからです。

こうした発言からすれば、**ＨＲテクノロジー事業における大規模リストラの目的は、テクノロジー部門の縮小ではなく、今後見込まれる需要の減少に対して大きくなりすぎた営業部門をいったんスリム化することにある**、と見たほうがよさそうです。

### ここが比較するポイント！

このセクションでは、EBITDAをＫＰＩとして採用しているリクルートＨＤの決算書を見てきました。

リクルートＨＤでは、ＩＦＲＳへの移行前、移行後ともに一貫してEBITDAをＫＰＩとしていますが、その狙いは移行前と移行後で異なります。

日本の会計基準を採用していた時点では、日本基準でのみ、のれんの償却が義務づけられていたことから、ＩＦＲＳや米国会計基準を採用している企業との比較に適したEBITDAをＫＰＩとして採用していました。

ＩＦＲＳへの移行後には、のれん償却の有無という差異はなくなったものの、ＫＰＩが積極的なテクノロジー投資を妨げないようにするという目的から、EBITDAをＫＰＩとして採用し続けていると見られます。

そうしたことを踏まえれば、EBITDAは、Ｍ＆Ａやソフトウェア投資、有形固定資産に対する設備投資などを先行させている企業、そして業績をグローバルで比較することを意識している企業においてＫＰＩとして採用すべき指標だといえそうです。

# Chapter 2

## 3 ROE、ROAで資本を利益に結びつけられているかが読み解ける
コマツの決算がキャタピラーに大差をつけられた理由とは？

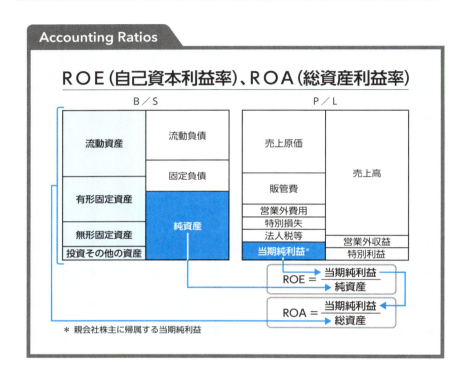

### 指標のトリセツ

**ＲＯＥ（自己資本利益率）、ＲＯＡ（総資産利益率）は調達した資本に対する収益性を表す指標**です。ＲＯＡはその会社が使っている総資産（総資本）を、ＲＯＥは純資産を、いかに有効活用して利益を生み出したかを表します。上場企業では、株主の視点を経営に取り入れるうえでＲＯＥはとても重要ですが、**中小企業の場合はＲＯＡを重視したほうが良い**でしょう。

ＲＯＥ、ＲＯＡともに、それぞれを複数の指標に分解して分析する方法が有効です。

## ☑ 過去最高益を更新したコマツとキャタピラー

ここでは、建設機械業界でグローバルな２大メーカーとして知られる、**小松製作所**（以下、コマツ）と**米キャタピラー**の決算書を取り上げて決算書を見ていきます。

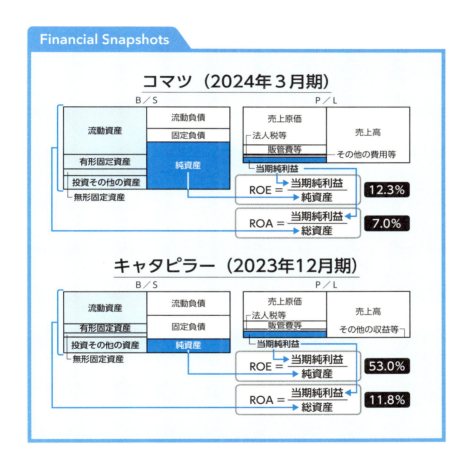

コマツは、建設機械・車両や産業機械などを手掛けており、世界シェアで第２位に位置しています。同社の2024年３月期連結決算では、売上高が３兆8,650億円、営業利益が6,070億円、当社株主に帰属する当期純利益（親会社株主に帰属する当期純利益に相当、以下単に当期純利益と呼びます）が3,930億円となりました。それまでの過去最高であった2023年３月期からの

増収増益となり、売上高、営業利益、当期純利益においていずれも過去最高を記録しています。

　キャタピラーは、建設機械、鉱山用機械、エンジン、産業用ガスタービンなどを製造しており、世界シェアでは第１位となっています。キャタピラーの2023年12月期決算の売上高は671億ドル（１ドル141円換算で９兆4,550億円）、営業利益が130億ドル（同１兆8,280億円）、当期純利益が103億ドル（同１兆4,570億円）です。こちらも2022年12月期からの増収増益であり、過去最高を記録しました。

　このように、業績好調な両社ではあるものの、じつは決算には大きな差が生まれています。ここでは、決算書に加えて、コマツがＫＰＩ（重要業績評価指標）としているＲＯＥや、ＲＯＡといった指標を取り上げて、両社の決算に大きな差が生まれている要因やコマツが抱える経営課題について解説します。

## ☑ 収益性と安全性の両立をめざすコマツの決算書

　コマツの決算書から見ていきましょう。右ページの図は、コマツにおける2024年３月期の決算書を比例縮尺図に図解したものです。

　左側のＢ／Ｓから解説していきます。Ｂ／Ｓの左側（資産サイド）で最大の金額を占めているのが、流動資産（３兆3,140億円）です。この流動資産の中には、棚卸資産が１兆4,390億円、売上債権（受取手形及び売掛金）が１兆2,640億円計上されています。この棚卸資産は売上高の136日分に、売上債権は119日分に相当します。

　次に大きいのは、有形固定資産（9,770億円、オペレーティング・リース使用権資産を含む）です。ここには、主に建設機械・車両などを製造する生産設備が計上されています。また、投資その他の資産（9,160億円）の大半は長期売上債権（6,880億円）で占められていますが、これは建設機械・車両の販売にあたって**エンドユーザー向けのリースや割賦販売といったファイナンス（リテールファイナンス）事業を行なっている**ためです。

Ｂ／Ｓの右側（負債・純資産サイド）には、流動負債が１兆5,260億円、固定負債が9,120億円計上されており、有利子負債（借入金や社債、オペレーティング・リース負債など）がそれぞれ流動負債に6,010億円、固定負債に6,700億円含まれています。純資産は３兆1,980億円で、自己資本比率（＝純資産÷総資本）は57％という水準です。

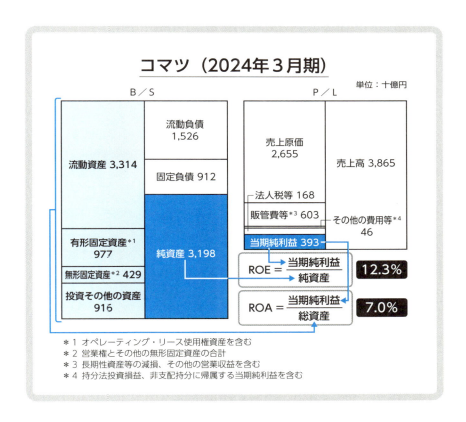

　続いて、Ｐ／Ｌについても見ていきましょう。ここでは、当期純利益までを図解しています。売上高が３兆8,650億円であるのに対し、売上原価は２兆6,550億円（原価率は69％）、販管費等（長期性資産等の減損、その他の営業収益を含む）は6,030億円（販管費率は16％）となっています。売上高から売上原価、販管費等、その他の費用等（持分投資損益、非支配持分に帰属する当期純利益を含む）、法人税等を差し引いた当期純利益は3,930億円で、売上高当期純利益率（＝当期純利益÷売上高）は10％です。

ここでＲＯＥとＲＯＡについても、それぞれの指標の特徴とともに見ていきましょう。

　ＲＯＥは株主に帰属する利益である当期純利益を株主に帰属する資本である純資産で割った指標で、自己資本利益率とも呼ばれます。**株主が投資したお金（純資産）に対して、株主に帰属する利益（当期純利益）をどれだけ生み出したかを測る指標**です。株主の視点を経営に取り入れるうえで有効な指標だといえます（なお、厳密にはＲＯＥの分母で用いるのは純資産から新株予約権と非支配株主持分を差し引いた自己資本ですが、ここでは単純化した式を使用しています）。

　2024年3月期におけるコマツのＲＯＥを計算してみると、12％となります。**日本で上場する製造業におけるＲＯＥの平均値が9〜10％前後である**ことを踏まえると、コマツのＲＯＥはやや高い水準です。

　続いて、ＲＯＡについても解説しましょう。ＲＯＡは、利益を総資産（資産合計）で割った指標で、総資産利益率と呼ばれます。その**会社が使っている総資産を、いかに有効活用して利益を生み出しているのかを表す指標**です。ＲＯＥの分子には株主に帰属する利益である当期純利益のみを用いますが、ＲＯＡの分子には目的に応じてさまざまな利益（当期純利益のほかに営業利益など）を用いることができます。

　ここではＲＯＥと分子を揃え、当期純利益を分子としたＲＯＡを計算してみると、2024年3月期におけるコマツのＲＯＡは7％という結果になりました。ＲＯＡの分母である総資産の金額がＲＯＥの分母である純資産より大きいため、ＲＯＡはＲＯＥに比べて低くなっています。

## ☑ キャタピラーの収益性はなぜ高いのか？

　続いて、キャタピラーの決算書（2023年12月期）を見ていきましょう（右ページの図参照）。

Ｂ／Ｓの左側で最大の金額を占めているのは、コマツと同じく流動資産（469億4,900万ドル）です。ここには、売上債権が188億2,000万ドル、棚卸資産が165億6,500万ドル含まれています。売上債権は売上高の102日分に、棚卸資産は90日分に相当します。次いで大きいのは投資その他の資産（219億7,500万ドル）で、その大半が長期売上債権（139億200万ドル）です。長期売上債権が大きい点もコマツと共通しています。また、有形固定資産は126億8,000万ドル計上されています。

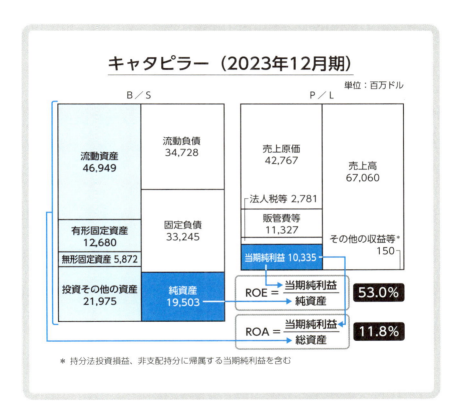

　続いて、Ｂ／Ｓの右側を見てみると、流動負債が347億2,800万ドル、固定負債が332億4,500万ドル計上されています。それぞれに含まれる有利子負債は、流動負債に134億600万ドル、固定負債に244億7,200万ドルとなっています。純資産は195億300万ドルで、自己資本比率は22％とコマツよりも低い数字です。この数字の差異については後ほど説明しましょう。

P／Lでは、売上高が670億6,000万ドル計上されているのに対し、売上原価は427億6,700万ドル（原価率は64％）、販管費等は113億2,700万ドル（販管費率は17％）となっています。当期純利益は103億3,500万ドルで、売上高当期純利益率は15％です。コマツの売上高当期純利益率は10％でしたから、キャタピラーのほうが5ポイント高くなっています。その主な理由についても、後ほど解説することにしましょう。

　続いて、ＲＯＥとＲＯＡについても見ていきます。2024年3月期のキャタピラーにおけるＲＯＥは53％となっており、コマツの12％と比べても非常に高い水準です。また、キャタピラーのＲＯＡは12％で、こちらもコマツの7％よりも高くなっています。

## ☑ ＲＯＥの展開式から見えてくるコマツの経営課題

　ＲＯＥやＲＯＡを分析する際に有用なのが、以下の図に示すような**ＲＯＥの分解式**（**デュポンシステム**とも呼ばれます）です。

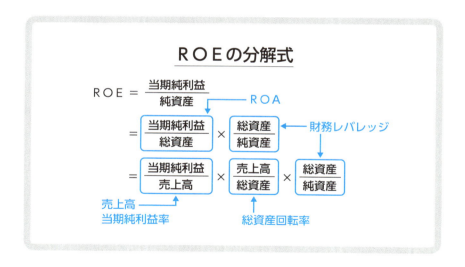

　この分解式によれば、**ＲＯＥはＲＯＡと財務レバレッジの掛け算**に分解できます。また、**ＲＯＡは売上高当期純利益率と総資産回転率の掛け算**に分解できることから、最終的にはＲＯＥは売上高当期純利益率、総資産回転率、

**財務レバレッジという３つの指標の掛け算**に分解されます（総資産回転率の詳細についてはChapter 5の210〜218ページを参照してください）。

ＲＯＥやＲＯＡに差が生じた理由を分析する際には、こうした指標に分解することで、より詳細に読み解くことができるのです。

では、コマツとキャタピラーのＲＯＥを分解してみましょう（下図参照）。

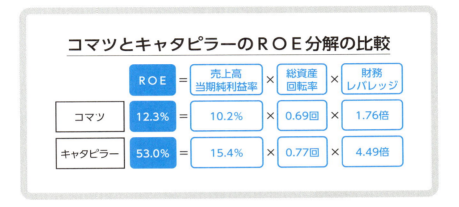

これによれば、売上高当期純利益率、総資産回転率、財務レバレッジのすべての指標について、キャタピラーの指標の数字のほうがコマツを上回っていることがわかります。

これらの指標のうち、特に大きく差が開いているのが財務レバレッジです。コマツが1.76倍であるのに対し、キャタピラーでは4.49倍となっています。これは、両社の資本政策の差にその理由があります。そもそも**財務レバレッジとは、総資本（総資産）を純資産で割ったもの**であり、自己資本比率の逆数（分数の分子と分母を入れ替えたもの）になっています（自己資本比率についてはChapter 4の170〜180ページを参照してください）。

自社株買いなどの株主還元を積極的に行なっているキャタピラーの自己資本比率が22％にとどまっているのに対し、業界トップレベルの財務体質を経営目標に掲げるコマツの自己資本比率は57％です。これが、両社の財務レバレッジに大きな差がついている理由です。

このように、ＲＯＥは財務レバレッジ（自己資本比率）、言い換えれば資本構成の差に大きく影響を受けてしまいます。つまり、**財務レバレッジを高めてＲＯＥを引き上げることを重視するのか、あるいは強固な財務基盤（経営上の安全性の高さ）をめざすのかはあくまで企業の資本政策の差**だといえます。したがって、財務レバレッジの差については、コマツとキャタピラーで経営上の優劣がつく類のものではないと捉えたほうが良いでしょう。

## ☑ 値上げ幅が利益率の違いに影響

しかしながら、財務レバレッジの影響を受けないＲＯＡについてもコマツでは7％、キャタピラーでは12％となっており、キャタピラーのほうが高くなっています。ＲＯＡの構成要素である売上高当期純利益率と総資産回転率にも両社の間に差があるためです。売上高当期純利益率の違いに関してはキャタピラーに比べてコマツの収益性が低く、総資産回転率の差についてはコマツの効率性が低いことを意味しています。ここから読み取れるコマツの経営上の課題とは何でしょうか。

まず、売上高当期純利益率の違いに関していえば、それぞれの値上げ幅に差があることにその一因があります。コマツの決算説明会資料によれば、建設機械・車両事業における2023年3月期の売上高3兆2,966億円から2024年3月期の3兆6,152億円への増収要因のうち、販売価格の値上げによる部分が1,331億円であるとされています。このことは、値上げにより2024年3月期における税引前ベースでの売上高利益率が3％上昇したことを意味しています。

一方、キャタピラーに関しては、2022年12月期の連結売上高594億2,700万ドルから2023年12月期の売上高670億6,000万ドルへの増収要因のうち、販売価格の値上げによる部分が55億9,600万ドルとされています。値上げにより2023年12月期の税引前ベースの売上高利益率が7％上昇したということになります。

コマツのほうは建設機械・車両事業における分析、キャタピラーは連結で

の分析ですから単純な比較はできないものの、両社の値上げによる利益率の上昇効果の間には約5ポイントの差があります。したがって、**両社の値上げ幅の差が売上高当期純利益率の違いにつながっている**といえるでしょう。

コマツにとっては、今後いかに値上げを浸透させることができるかが収益性を左右する状況といえそうですが、その一方でコマツのCFOである堀越健氏は、値上げ幅の差によってコマツ製品の割安感が強まり、北米でのシェアが上がったとも述べています（2024年9月6日付日本経済新聞朝刊）。**コマツとしては、利益を最大化するうえで値上げを取るのか、シェアを取るのか、価格政策の面で舵取りを迫られる状況となっています。**

## ☑ コマツの棚卸資産回転期間が長い構造的な要因とは？

続いて、総資産回転率の違いについても考えてみましょう。コマツの総資産回転率が低いということは、キャタピラーに比べて資産効率が低いことを示しています。資産効率の差を生み出している主な要因の1つには、在庫が販売されるまでの日数の目安となる<u>棚卸資産回転期間（＝棚卸資産÷平均日商）</u>の長さがあります（棚卸資産回転期間の詳細はChapter 5 の230～243ページを参照）。棚卸資産回転期間については、キャタピラーが90日であるのに対し、コマツでは136日となっており、コマツのほうが46日分長いのです。その分、**コマツが多くの在庫を抱えていることになり、資産効率が低くなっています。**

これに対し堀越氏は、在庫が増加したのは在庫調整の遅れが原因だと述べています（2023年12月6日付日本経済新聞朝刊）。しかしながら、2022年3月期におけるコマツの棚卸資産回転期間が129日、2021年12月期におけるキャタピラーでは101日であったことを踏まえると、コマツの棚卸資産回転期間が長いのは短期的な問題だけではなさそうです。

この点に関し、**キャタピラーは代理店に建設機械を販売する卸売に特化しているのに対し、コマツは代理店の多くを自社で抱えているため、在庫管理が難しくなっている**とも指摘されています（2024年6月4日付日本経済新聞朝刊）。

コマツの資産効率改善に向けては、**棚卸資産の効率をいかに高めていくかが問われている**状況だといえます。

## ☑ コマツがＦＣＦをＫＰＩに採用した理由

　なお、棚卸資産の削減に関連して、堀越氏は2025年3月期から自社の**管理指標をＲＯＩＣ（投下資本利益率）からＦＣＦ（フリー・キャッシュ・フロー）に切り替える**とも述べています（2023年12月6日付日本経済新聞朝刊）。

　ＦＣＦとは、Chapter 1（53ページ）でも取り上げましたが、ＣＦ計算書上の営業ＣＦと投資ＣＦを足し合わせたもので、投資を行なったうえでの余剰キャッシュ・フローを示す指標です。

　最後に、コマツが管理指標をＲＯＩＣからＦＣＦに切り替えた理由について解説しておきましょう。

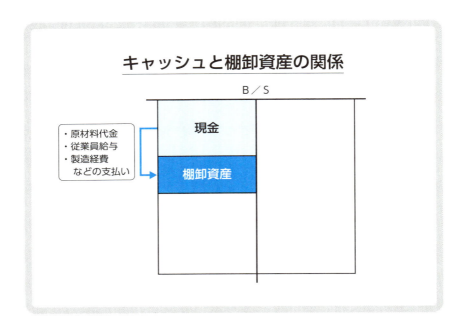

左ページの図に示したように、棚卸資産は原材料の仕入れ代金や工場で働く従業員の給与、製造経費などの支払いが姿を変えたものですから、**棚卸資産が増加するということは現金の減少を意味します**。逆にいえば、**棚卸資産を削減すればそれだけ現金が増加する（ＦＣＦが増加する）**ということになります。

　コマツがこれまでＫＰＩとして採用していたＲＯＩＣ（＝税引後営業利益÷投下資本）についても、棚卸資産を削減することで分母である投下資本が減少するため、ＲＯＩＣは上昇します（ＲＯＩＣの詳細については次のセクションを参照）。しかしながら、ＲＯＩＣは比率指標のため、棚卸資産削減の効果が他の要因に紛れてしまうことが懸念されます。そのため、**棚卸資産削減の効果が絶対額として見えやすい指標としてＦＣＦを採用した**のです。

　コマツが管理指標としてＦＣＦをどう活用していくのか、そして棚卸資産の削減は進むのか、価格政策の見直しに加えて今後の業績を占ううえで注目すべきポイントだといえます。

### ここが比較するポイント！

　このセクションでは、コマツとキャタピラーの決算書、ＲＯＥとＲＯＡを比較しました。キャタピラーのＲＯＥは50％超と非常に高い水準にあり、コマツとは大きな差がついていました。

　その原因の１つには、コマツとキャタピラーの資本政策の違いから生じた財務レバレッジの差がありましたが、理由はそれだけではありません。ＲＯＡの構成要素である総資産回転率と売上高当期純利益率にも差が生じていました。

　コマツとしては、棚卸資産回転率などの資産効率を高めるための在庫政策、そして売上高当期純利益率を高めるための価格政策などの舵取りが必要な状況にあるといえそうです。

# Chapter 2

## 4 なぜROICを採用する企業が増えているのか？
ROIC経営の「優等生」オムロンが大リストラに踏み切った理由

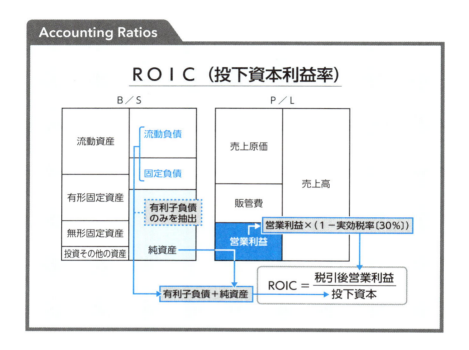

### 指標のトリセツ

　近年、企業からの注目が集まっている会計指標が**ROIC**（**投下資本利益率**）です。**ROICは、営業利益からみなし税金を差し引いた税引後営業利益を投下資本（＝有利子負債＋純資産）で割ったものです**。ROEは資本構成（財務レバレッジ）の影響を大きく受ける一方、ROICはその影響を受けにくいのも特徴の1つです。

　ROICが企業の資本コスト（WACC、加重平均資本コスト率）を上回ると理論的には株主価値が創造されるといわれていることから、**資本コストや株価を意識した経営を実践するうえで重要な指標**になっています。

## ☑「ＲＯＩＣ経営の優等生」が陥った苦境とは？

このセクションでは、大手電気機器メーカー、**オムロン**の決算書とＲＯＩＣを取り上げて解説しましょう。

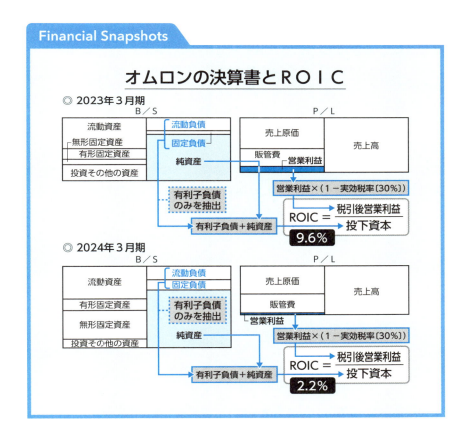

Financial Snapshots

オムロンの決算書とＲＯＩＣ

オムロンは、ファクトリーオートメーション（ＦＡ）向け機器を取り扱う制御機器事業をはじめとして、血圧計などを手掛けるヘルスケア事業、太陽光などのエネルギー事業を持つ社会システム事業、リレー（継電器）などの部品を製造する電子部品事業などを抱えています。京都府京都市に本拠地を置く優良企業を指す「京都銘柄」としても名高いメーカーの１つです。2023年10月には、医療ビッグデータ収集を手掛けるＪＭＤＣを買収し、データソリューション事業に進出を果たしています。

105

オムロンの2023年3月期の業績は、売上高が8,760億円、営業利益（＝売上高－売上原価－販売費及び一般管理費〔販管費〕－試験研究開発費）が1,010億円と絶好調でした。しかし、2024年3月期には売上高が8,190億円、営業利益は340億円と大きく業績を落とすこととなりました。

　**業績の低迷を受けてオムロンでは、2024年2月に国内と海外でそれぞれ約1,000人、合計で約2,000人の人員削減を行なう**ことを発表しました。これは、2024年3月末時点での連結従業員数（2万8,450人）の7％に当たる大規模なリストラです。

　オムロンは、早くからＲＯＩＣをＫＰＩとして経営に取り入れ、「ＲＯＩＣ経営」を実践している企業としても知られています。**ＲＯＩＣは、投下資本利益率というその名の通り、投下資本（事業に対して投下したお金＝有利子負債＋純資産）に対して、どれだけ利益を出すことができたかを表す指標**です。資本コストや株価との関連が深いため、資本効率を踏まえた業績指標として注目する企業が急増しています。

　そんな「ＲＯＩＣ経営の優等生」であるオムロンが苦境に陥った原因は、何だったのでしょうか。

　また、業績を大きく落としたとはいえ、2024年3月期の営業利益は黒字です。営業黒字にもかかわらず、なぜオムロンは大規模なリストラに踏み切ったのでしょうか。そして、業績回復の鍵はどこにあるのでしょうか。

　オムロンの決算書と、注目指標ＲＯＩＣの数値を読み解きながら探っていくことにしましょう。

## ☑ 2023年3月期には業績好調だったオムロン

　右ページの図は、オムロンの業績が好調だった2023年3月期の決算書を比例縮尺図に図解したものです。なお、この図ではオムロンのＲＯＩＣについても併せて図解していますが、これについては後ほど解説します。

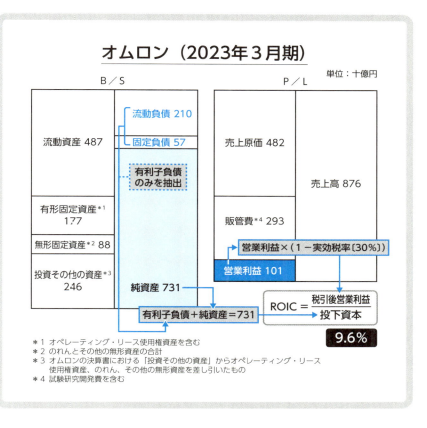

　まずは左側のB／Sから見ていきましょう。B／Sの左側（資産サイド）で最大の金額を占めているのは流動資産（4,870億円）です。ここには、売上債権（受取手形及び売掛金）が1,790億円、棚卸資産が1,740億円、現預金（現金及び現金同等物）が1,050億円計上されています。いずれも会社が事業を行なっていくうえで必要な資産です。

　次いで大きいのは、投資その他の資産（オムロンの決算書における「投資その他の資産」からオペレーティング・リース使用権資産、のれん、その他の無形資産を除いたもの）で、2,460億円が計上されています。ここでは、関連会社に対する投資及び貸付金（1,350億円）がその大半を占めています。

　また、有形固定資産（オペレーティング・リース使用権資産を含む）が

1,770億円計上されていますが、これらの多くはオムロンが保有する工場や研究開発拠点です。

続いて、B／Sの右側（負債・純資産サイド）についても見てみると、流動負債が2,100億円、固定負債が570億円となっており、ここには合計で450億円の有利子負債（オペレーティング・リース負債を含む）が計上されています。

この有利子負債のほとんどは短期、または長期のオペレーティング・リース負債です。現在の日本の会計基準ではB／Sに計上されませんが、オムロンでは米国会計基準を採用しているため、B／Sに計上されています。こうしたことを踏まえると、**オムロンは実質無借金経営である**といえます（なお、2028年3月期からの適用が予定されている新リース会計基準では、日本の会計基準においても、こうしたオペレーティング・リースの資産や負債がB／Sに計上される見込みです）。

純資産は7,310億円であり、自己資本比率（＝純資産÷総資本）は73％と極めて高くなっています。**安全性の観点から見て、オムロンは優良企業である**といえます。

次に、P／Lを見ていきましょう。

売上高8,760億円に対し、売上原価は4,820億円（原価率は55％）、販管費（試験研究開発費を含む）は2,930億円（販管費率は33％）で、営業利益は1,010億円となっています。売上高営業利益率は11％と高い水準です。

## ☑ ＲＯＩＣは「資本コスト」を上回ることが重要

続いて、オムロンがＫＰＩとして採用しているＲＯＩＣ（オムロンでは、ＲＯＩＣの分子の利益として当期純利益を用いていますが、ここではより一般的な定義に従って分子に税引後営業利益を用いて計算します。また、現行の日本における会計基準に合わせる形で、有利子負債にはオペレーティング・リース負債を含めていません）について見ていきましょう。

ＲＯＩＣは、営業利益からみなし税金（ここでは実効税率を30％として試算）を差し引いた税引後営業利益を投下資本（＝有利子負債＋純資産）で割ることで計算されます。

　2023年３月期におけるオムロンのＲＯＩＣは9.6％となっています。

　税引後営業利益をＦＣＦ（フリー・キャッシュ・フロー）と同等とみなし、そこから銀行などの債権者に対するコストと株主に対するコストが支払われると考えれば、**ＲＯＩＣが、企業が調達した有利子負債と株主資本を合わせた全体としての資本コストであるＷＡＣＣ（加重平均資本コスト率）を上回ると、株主価値が創造される**（株式時価総額が純資産を上回る）ことになります。そのため、ＲＯＩＣは、東京証券取引所が要請する「資本コストや株価を意識した経営」（129ページ参照）を実現するうえで、非常に重要な意味を持つ指標となっています。

　これが、ＲＯＩＣが注目を浴び、ＫＰＩとして採用する企業が急増している大きな理由の１つです。

　2024年３月期第３四半期の決算説明会資料によれば、2022年３月期から2024年３月期においてオムロンが想定しているＷＡＣＣは5.5％とされています。この数値と比較すると、オムロンの2023年３月期におけるＲＯＩＣは想定ＷＡＣＣを上回っています。

　ですが、結果からいえば、2024年３月期においてオムロンの業績は大きく落ち込み、オムロンは冒頭で述べた2,000人規模の大リストラに踏み切ることになります。ここからは、2024年３月期の決算書を読み解き、大リストラの理由について解説しましょう。

## ☑ オムロンが大リストラを断行する理由とは？

　次ページの図は、2024年３月期のオムロンの決算書を図解したものです。

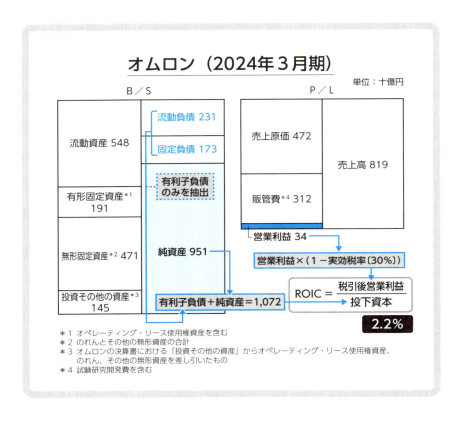

　2023年3月期と比較したときに、B／Sの左側で最も大きく変化したのは無形固定資産です。2023年3月期に880億円だったところから、2024年3月期には4,710億円に急増しています。これは、2023年10月に医療ビッグデータを手掛けるJMDCを買収したことが原因です。

　無形固定資産のうち、のれんは2023年3月期の430億円から2024年3月期には3,620億円に、その他の無形資産は同期間で450億円から1,090億円に増加しています（買収によりのれんが計上されるメカニズムについては、Chapter 1の16～17ページを参照）。

　一方、B／Sの右側でも流動負債が2,310億円、固定負債が1,730億円に増加しています。短期や長期の借入金が増加したことがその主な原因です。また、純資産も9,510億円に増加している一方で、自己資本比率は2023年3月

期の73％から2024年3月期の70％へとやや低下しています。純資産の増加以上に総資本（＝負債＋純資産）が増加したことがその理由です。

続いて、Ｐ／Ｌについても見ていきましょう。

売上高が8,190億円と前期比で減収となった一方、売上原価は4,720億円（原価率は58％）、販管費は3,120億円（販管費率は38％）でした。2023年3月期に比べて原価率や販管費率が上昇したのは、売上原価や販管費に人件費などの固定費（売上高に連動せず、一定額が発生する傾向を持つ費用）が含まれているためです。

結果として、2024年3月期の営業利益は340億円、前期比でおよそマイナス66％という大幅な減益となり、売上高営業利益率は4％に落ち込みました。

オムロンが国内外で約2,000人を削減する大リストラに踏み切った理由の1つは、固定費負担が重くなり、利益を出しにくい体質に陥ったことです。今後も売上低迷が続くことを見据えて、**人員を減らすことにより固定費の削減を図った**わけです。

また、オムロンがＫＰＩとして重視するＲＯＩＣも2.2％に低下し、想定ＷＡＣＣ（5.5％）を大きく下回る水準となりました。ＲＯＩＣがＷＡＣＣを下回っているということは、資本コストを下回るリターンしか上げられておらず、企業価値を落としてしまっている状態を意味します。企業価値を引き上げるためには、ＲＯＩＣをＷＡＣＣ以上の水準に回復させなければなりません。

これが、営業黒字であるにもかかわらずオムロンを大規模なリストラに踏み切らせることになったもう1つの理由です。

ではなぜ、2023年3月期から2024年3月期にかけて、ＲＯＩＣは大きく低下してしまったのでしょうか。オムロンがＲＯＩＣ経営で活用している「ＲＯＩＣ逆ツリー」を使って、その原因を探っていきましょう。

## ☑「ROIC逆ツリー」で見えてくる収益性低下の原因

ROICの増減の要因を探るうえで有効なのは、以下のようなROICの展開式を利用する方法です。

---

### ROIC（投下資本利益率）の展開式

$$\text{ROIC} = \frac{\text{税引後営業利益}}{\text{投下資本（＝有利子負債＋純資産）}}$$

$$= \underbrace{\frac{\text{営業利益}}{\text{投下資本}}}_{\text{税引前ROIC}} \times (1 - \text{実効税率})$$

$$= \frac{\text{営業利益}}{\text{売上高}} \times \frac{\text{売上高}}{\text{投下資本}} \times (1 - \text{実効税率})$$

$$= \text{売上高営業利益率} \times \text{投下資本回転率} \times (1 - \text{実効税率})$$

---

この式からわかるように、ROICは売上高営業利益率と投下資本回転率（と〔1－実効税率〕）の掛け算に展開することができます。言い換えれば、**ROICは収益性と資本効率性を示す指標の掛け算で表される**ということです。

オムロンでは、ここからさらに各部門のKPIレベルまでROICを分解してマネジメントに落とし込む仕組みを「ROIC逆ツリー展開」と呼んでいます。そこで、ここではオムロンのROIC逆ツリー展開を利用して、ROICの低下の原因を探ってみましょう。

右ページの図は、オムロンのROIC逆ツリー展開を参考にROICを分解し、それぞれの指標について2023年3月期と2024年3月期との間で比較できるようにまとめたものです（ただし、ここではオムロンのROIC逆ツ

リー展開をもとに、本質を損なわない範囲でより一般的に使用される指標へと変更を行なったものを使用しています)。

これによれば、**税引前ROICの低下は、売上高営業利益率と投下資本回転率の双方の指標の低下によって引き起こされている**ことがわかります。

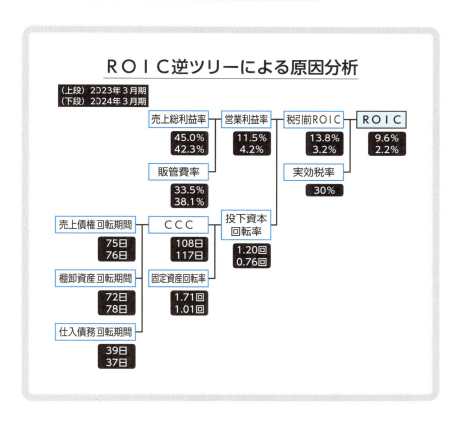

繰り返しとなりますが、売上高営業利益率の低下の原因は、売上高売上総利益率が低下(=原価率が上昇)したことと、販管費率が上昇したことにあります。**売上原価や販管費などに固定費が含まれるために、売上高が低下する中で、原価率や販管費率が上昇してしまった**のです。

もう1つの要因は投下資本回転率の低下ということになりますが、それについて述べる前に、投下資本に対する2つの捉え方について解説しましょう。

ここまでに述べてきたように、投下資本は企業が調達した有利子負債と純資産の合計額として捉えることができます（下図の①）。ですが、B／Sの構造を踏まえると、下図の②に示すように、**投下資本を事業用資産（現預金、売上債権、棚卸資産、固定資産など）から事業用負債（仕入債務など）を差し引いたものとして捉えることもできます。**

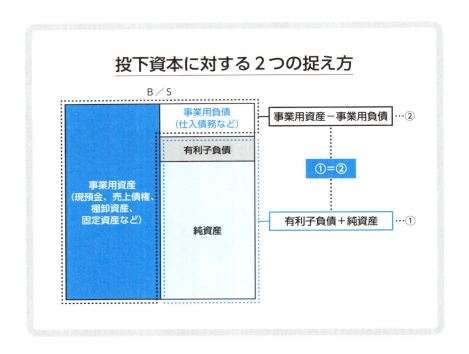

　そのため、投下資本回転率については、運転資本の効率性を示すCCC（キャッシュ・コンバージョン・サイクル：会社が事業を行なううえで必要な商品や原材料を仕入れるための代金を支払ってから、売上代金を回収するまでの期間を表す）や、固定資産の効率性を示す固定資産回転率などに分解して読み解くことができます（CCCの詳細についてはChapter 5の230〜243ページ、固定資産回転率の詳細については219〜229ページを参照）。この方法は、事業サイドから投下資本の圧縮を検討するうえで有効です。

　改めて、ROIC逆ツリーから投下資本回転率低下の原因を読み解いていきましょう。

オムロンにおけるＣＣＣは、2023年3月期の108日から2024年3月期の117日に長期化しています。これは、キャッシュの支払いから回収までの期間が長くなっていることを示すため、運転資本の効率性が低下していると読み取ることができます。

　運転資本の効率性の点で気がかりなのは、在庫を仕入れてから販売する期間の目安となる棚卸資産回転期間が長期化していることです。オムロンの棚卸資産回転期間は、2023年3月期の72日から2024年3月期の78日へと6日分長期化しています。

　さらにさかのぼって見てみると、2021年3月期の棚卸資産回転期間は57日でした。3年の間に20日あまり長期化したことになります。

　棚卸資産回転期間が長期化しているということは、その分の資金を在庫として寝かせてしまっていることを示します。**資本効率改善の観点からすれば、売り逃しが発生しない範囲で、棚卸資産回転期間を短縮していくことが求められます。**

　こうした在庫効率の低下についてオムロンは、ＦＡ向け機器を取り扱う制御機器事業における代理店在庫の滞留が原因であり、2025年3月期には一部エリアを除き正常化する見込みだと説明しています。今後、こうした在庫水準の正常化が進むのか注視する必要があります。

　また、投下資本回転率が低下したもう1つの原因は、固定資産回転率の低下にあります。これは、先に述べたＪＭＤＣを買収したことによって発生したのれんによって、固定資産が増加したことが影響しています。つまり、**オムロンがデータソリューション事業に進出するために行なったＭ＆Ａが、固定資産回転率を低下させた主な要因の1つである**といえます。

## ☑ 中国市場低迷の影響が大きくＦＡ機器大手で「一人負け」

　オムロンの収益性について詳しく見るために、セグメント別の業績を2023年3月期と2024年3月期で比較してみましょう（次ページの図参照）。

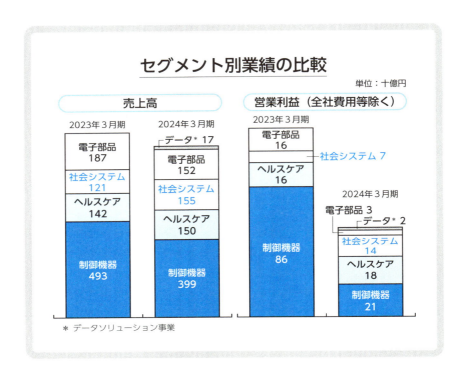

　これによれば、ヘルスケア事業、社会システム事業では増収増益である一方、ＦＡ向け機器を取り扱う制御機器事業と電子部品事業では減収減益となっています。

　中でも、稼ぎ頭であった制御機器事業の減収減益が、全社の業績に大きな影響を及ぼしています。制御機器事業の売上高は2023年３月期に4,930億円だったところから2024年３月期には3,990億円に減少し、営業利益も同期間に860億円から210億円へと減少しました。売上高営業利益率で見ても、17％から５％へと大きく低下している状況です。

　他のＦＡ向け機器大手の2024年３月期における売上高営業利益率を見てみると、キーエンスでは51％、ＳＭＣでは25％となっており、オムロンが「一人負け」の様相を呈しています。

　その大きな要因となっているのが、**中国市場への依存**です。オムロン代表

取締役社長の辻永順太氏は、2024年2月に公表した構造改革プログラム「NEXT 2025」の説明会において、「中国依存度が高まっていた」と述べています。オムロンの制御機器事業における中華圏（中国、台湾、香港）向けの売上高は2023年3月期時点で1,300億円となっており、同事業の売上高の27％を占めている状況でした。

　この中華圏向けの売上高が、2024年3月期では920億円へと落ち込みました。前期比でおよそマイナス29％の低下です。他社の中国向け売上高も、キーエンスではおよそマイナス7％（前期比）、ＳＭＣではおよそマイナス13％（同）と、各社とも中国経済減速の影響は受けているものの、オムロンの減収幅はその中でも大きくなっています。

　オムロンの売上は半導体関連や電気自動車向けバッテリーの大手メーカー向けの比率が高く、こうした大口顧客の設備投資抑制の影響を大きく受けたことが誤算だったとされています（2024年3月16日付日本経済新聞朝刊）。

　これに対し、「NEXT 2025」では、今後は**中国以外のエリア、特に欧州・米州における顧客開拓を進め、エリアポートフォリオを再構築する**とともに、半導体や電気自動車に加えて、**食品・日用品や医療、物流分野に対するソリューション提供を進めていく**方針としています。

　この**構造改革プログラムでは、低採算商品を削減し、商品点数を絞り込む**ことも方針として示されています。これは、**原価率の低減（売上高売上総利益率の引き上げ）や棚卸資産回転期間の短縮（在庫の正常化）**を目的にした施策であると準測されます。さらに、全社として固定費の効率化により販管費率を3％弱削減することなどが示されています。

　こうした施策を着実に実行していくことができるかどうかが、オムロンにおける制御機器事業立て直しを左右することとなります。

　また、2024年3月期からセグメントに加わったデータソリューション事業の成長性、収益性拡大も課題です。ＪＭＤＣ買収によってのれんが増加し、それが固定資産回転率、投下資本回転率の低下につながったことは先に述べ

ましたが、その影響を上回る利益成長を実現することが、オムロンの中長期的な成長戦略上での鍵となりそうです。

## ここが比較するポイント！

このセクションでは、「ＲＯＩＣ経営の優等生」とされてきたオムロンがなぜ大規模なリストラに踏み切らざるを得なかったのか、その理由について決算書とＲＯＩＣから見てきました。

オムロンが営業黒字であるにもかかわらず大規模な構造改革を断行するに至った大きな理由の１つは、ＲＯＩＣがＷＡＣＣを下回ってしまったことにありました。「ＲＯＩＣ経営の優等生」であるからこそ、早めに手を打ったとも見ることができます。

また、ＲＯＩＣ逆ツリーから業績低迷の原因を探ってみると、収益性と効率性の低下という２つの要因が浮かび上がってきました。収益性を向上させるためには、エリアポートフォリオの再構築と他業種へのソリューション提供が、効率性を向上させるためには棚卸資産回転期間の短縮が鍵になるといえそうです。また、データソリューション事業の成長性、収益性の拡大も中長期的な課題といえるでしょう。

# Chapter 3

# 企業価値・株主還元指標と決算書

## 決算書＆指標を「図解×比較」した事例企業

大日本印刷　2022年3月31日 VS 2023年2月10日……123

凸版印刷　2021年3月期 VS 2022年3月期……125

大正製薬HD VS ロート製薬……131

パナソニックHD VS 日立製作所……145

東京ガス VS 大阪ガス……159

# Chapter 3

## 1 企業価値の注目指標PBRと成長期待を表すPER
大日本印刷が3,000億円の自社株買いを決めた理由とは?

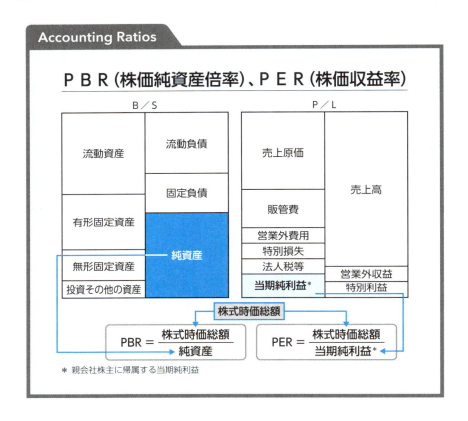

### 指標のトリセツ

**株式の市場価値を表す株式時価総額が純資産の何倍かを示す指標がPBR**です。PBRが1倍を下回るということは、株式への市場の評価が帳簿上の株主に帰属する財産である純資産を下回っていることを意味します。

PBRを、**株式時価総額が親会社株主に帰属する当期純利益の何倍かを示す指標であるPERとROE**の掛け算に分解して見ていくことも重要です。

## ☑ 3,000億円もの大規模な自社株買いを発表した大日本印刷

　ここでは、**大日本印刷**の決算書を取り上げて見ていきましょう。

　大日本印刷は1876年創業の老舗企業です。社名の通り、祖業は印刷業ですが、現在手掛けている事業領域は多岐にわたります。

　主要事業は、書籍の製造や販売を行なう情報コミュニケーション事業、食品・飲料・医薬品などの包装用資材の製造・販売を行なう生活・産業事業、有機ＥＬディスプレイ用のメタルマスクと呼ばれる部材などを手掛けるエレクトロニクス事業、東証スタンダード市場上場の連結子会社である北海道コカ・コーラボトリングを中心とした飲料事業です。多業種にまたがって経営を行なう**コングロマリット企業**といえます。

　この大日本印刷が最近注目を浴びるきっかけとなったのは、2023年2月9日に発表した「ＤＮＰグループの経営の基本方針」というニュースリリースです。この中で、大日本印刷は「**ＲＯＥ10％を目標に掲げ、ＰＢＲ1.0倍超の早期実現**」をめざすという方針を打ち出したのです。

　ＲＯＥはChapter 2でも取り上げましたが、自己資本利益率と呼ばれる資本収益性の指標で、当期純利益（親会社株主に帰属する当期純利益、以下単に当期純利益と呼びます）を純資産で割ることで計算できます。ＲＯＥからは、株主に帰属する資本である純資産に対して株主に帰属する利益をどれだけ生み出したのかを見ることができます。

　**ＰＢＲは**株価純資産倍率**と呼ばれ、株式時価総額を純資産で割る**（または**株価を１株当たり純資産で割る**）ことで計算されます。Ｂ／Ｓ上の株主に帰属する資本である純資産に対して、市場における株式の時価である株式時価総額（＝発行済株式総数〔自己株式を除く〕×株価）がその何倍に当たるかを見る指標です。つまり、「**現在の株価がＢ／Ｓ上の１株当たり純資産に対して高いのか安いのか**」がわかります。もしＰＢＲが１倍未満ならば、現在の株価は１株当たり純資産よりも安いということになります。

これらは、いずれも株主や株式市場にとっての企業の価値を意識した指標だといえます。

　また、基本方針を公表した後の2023年３月９日に発表した新中期経営計画において、大日本印刷は2026年３月期までに3,000億円の自社株買いを計画していること、そして2028年３月期までに政策保有株式（取引先などの株式）を純資産の10％未満に削減することなどを発表しました。

　加えて、その第一弾として、2023年３月10日から2024年３月８日までの間に1,000億円、4,000万株を上限とする自社株買いを行なうことを公表しています。この4,000万株に及ぶ自社株買いは発行済株式総数の15％に相当する大規模なもので、大日本印刷としては過去最大です。これも、**株主に対する還元を意識した財務政策**です。

　しかしながら、そもそも大日本印刷では、経営トップが株主の前に姿を表すのは年に１回の株主総会のときだけで、決算説明会を初めて開いたのは2019年と日経平均構成企業の中でも最も遅かったとされます（2023年２月27日付日本経済新聞朝刊）。

　このように、典型的な「日本の大企業」と見られてきた大日本印刷が中期経営計画の中でＲＯＥとＰＢＲの向上を経営方針として掲げた理由とは何だったのでしょうか。また、大規模な自社株買いの背景には、どのような事情があったのでしょうか。大日本印刷の決算書のデータをひも解きながら、その理由について解説していきましょう。

## ☑ 大日本印刷の株価が「割安」状態になっている決算書上の原因

　右ページの図は、大日本印刷のＢ／ＳとＰ／Ｌを図解したものです。

　なお、ここで取り上げる指標であるＰＢＲとＰＥＲも併せて図解しています。2022年３月31日時点での株式時価総額（＝発行済株式総数〔自己株式を除く〕×株価）は7,740億円であることから、ＰＢＲは0.67倍、ＰＥＲは7.97倍となっていました。

一方で、基本方針発表翌日の2023年２月10日の株式時価総額は9,630億円となり、ＰＢＲは0.84倍、ＰＥＲは9.92倍へと上昇しています。大日本印刷のＰＢＲは長らく１倍割れの状態が続いていましたが、基本方針発表に伴ってＰＢＲ、ＰＥＲは大きく上昇しました。ただし、ＰＢＲは依然として１倍を切っています。これらの数値については後で解説しましょう。

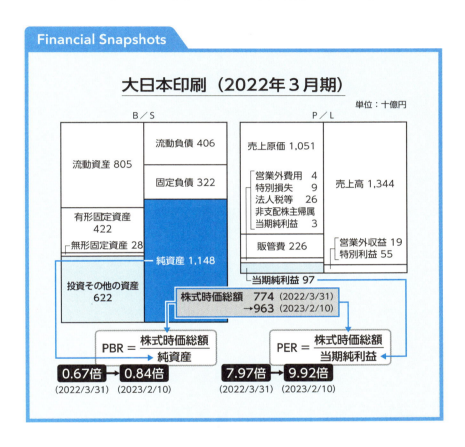

　決算書をＢ／Ｓから見ていきます。Ｂ／Ｓの左側（資産サイド）で最大の金額を占めているのは流動資産（8,050億円）です。この中には、売上債権（受取手形、売掛金、契約資産の合計）が3,250億円、現預金が2,870億円計上されています。

　次に大きいのは、投資その他の資産（6,220億円）であり、この３分の２

近くを占めているのは投資有価証券（4,100億円）です。

　有価証券報告書によれば、大日本印刷は純投資目的の投資株式を保有していません。営業政策上の得意先との関係強化などを投資株式の保有目的としていると記載されていることから、この投資有価証券は、いわゆる政策保有株式が中心であることがわかります。

　Ｂ／Ｓの右側（負債・純資産サイド）を見てみると、流動負債が4,060億円、固定負債が3,220億円計上されています。この中には有利子負債（借入金と社債、リース債務）が総額で1,580億円含まれていますが、現預金を2,870億円保有していることを考えると、**大日本印刷は無借金経営に近い状態である**と見ることができます。純資産の金額は１兆1,480億円で、自己資本比率（＝純資産÷総資本）は61％と高水準です。

　続いて、Ｐ／Ｌについても見ていきましょう。売上高が１兆3,440億円であるのに対し、売上原価は１兆510億円で原価率（＝売上原価÷売上高）は78％、販管費（販売費及び一般管理費）は2,260億円で販管費率（＝販管費÷売上高）は17％です。当期純利益は970億円計上されており、売上高当期純利益率（＝当期純利益÷売上高）は７％という水準になっています。

　大日本印刷の財務上の課題を考えるうえでのポイントの１つは、Ｂ／Ｓ上の「投資その他の資産」に計上されている投資有価証券をはじめとした、金額の大きな金融資産をどう評価するかです。

　2022年３月期におけるＰ／Ｌの営業外収益に計上された受取利息、受取配当金と持分法による投資利益の合計額（130億円）を流動資産の現預金、有価証券と固定資産の投資有価証券の合計額（7,160億円）で割ることで金融資産の利益率を試算してみると、２％となります。

　この数値は、営業利益（670億円）を事業資産（＝総資産－現預金－有価証券－投資有価証券＝１兆1,610億円）で割って試算した事業資産の利益率である６％に比べて低いことから、**金融資産の利益率は相対的に低い**ことがわかります。

このように**収益性の低い金融資産の保有割合が高い企業**の場合、株価が１株当たり純資産に対して低くなる"**割安な状態**"で推移する傾向があります。これまで大日本印刷のＰＢＲが長らく１倍未満で低迷してきたのは、こうしたことも影響してきたと推測されます。そのため、大日本印刷では「政策保有株式の削減」を打ち出したのです。

　じつは、このような政策保有株式の削減については、同業の**凸版印刷**（現 TOPPANホールディングス）による先例があります。

　凸版印刷は、2021年５月14日に公表した中期経営計画において、政策保有株式の削減を進めることを公表しています。以下の図は、凸版印刷のＢ／Ｓを2021年３月期と2022年３月期で比較したものです。

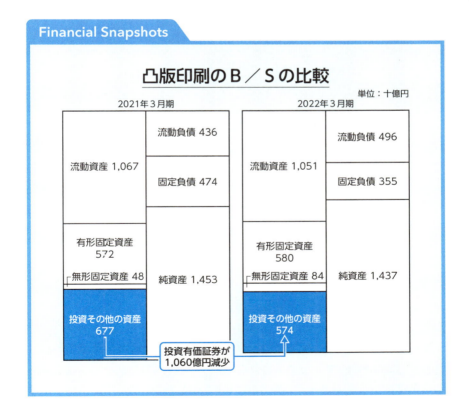

B／Sの左側を比較してみましょう。投資その他の資産が2021年3月期の6,770億円から、2022年3月期の5,740億円へと、1,030億円減少していることがわかります。この主な要因は、投資有価証券を6,320億円から5,250億円へと1,060億円削減したことです（四捨五入の誤差があるため、金額の差と削減幅は一致していません）。

　では、政策保有株式の削減を打ち出した後の凸版印刷の株価は、どのように動いたでしょうか。

　中期経営計画の公表前日である2021年5月13日の株価（終値）が1,742円であったのに対し、公表の翌営業日である2021年5月17日の株価（終値）は1,830円と5.1％上昇しています。この間のＴＯＰＩＸが1.6％の上昇でしたから、政策保有株式削減を含めた中期経営計画は一定程度市場からポジティブに評価されています。

　大日本印刷に話を戻すと、同社が基本方針を公表した後に、**株式時価総額、ＰＢＲが上昇した背景には、政策保有株式の削減に対する市場の期待が含まれている**といって良さそうです。

## ☑ 自社株買いのＰＢＲに対する効果とＰＥＲを高めるための鍵とは？

　大日本印刷の財務政策におけるもう１つの柱である自社株買いの実施は、ＰＢＲに対して、どのような効果を持つのでしょうか。ＰＢＲの展開式（右ページ参照）をもとに解説しましょう。

　この展開式によれば、**ＰＢＲはＲＯＥとＰＥＲの掛け算**で表されます。自社株買いはＲＯＥの分母である純資産を減らす効果があるため、**自社株買いを行なうことでＲＯＥの向上が見込めます。**

　コーポレート・ファイナンスにおいては、**自社株買いを行なう企業では経営者が自社の株価が割安であると考えており、将来の業績に対して強気の見通しを持っている、といった情報が含まれているという仮説**（シグナリング仮説）などがあります。こうした点が市場から好感されて株価が上がること

により、自社株買いの前後でＰＥＲが変化しないと仮定するならば、自社株買いを行なうことによってＰＢＲが上昇する（＝Ｂ／Ｓ上の１株当たり純資産に対する株価の倍率が高くなる）ことになります。こうした点も大日本印刷のＰＢＲににプラスに働いたと見ることができます。

## ＰＢＲ（株価純資産倍率）の展開式

$$PBR = \frac{株式時価総額（株価）}{純資産（１株当たり純資産）}$$

$$= \frac{当期純利益}{純資産} \times \frac{株式時価総額}{当期純利益}$$

$$= ROE \times PER$$

ところで、ＰＢＲに影響を与えるもう１つの指標であるＰＥＲを引き上げるためには、どんな対策が必要になるのでしょうか。

ＰＥＲとは株式時価総額が当期純利益の何倍になっているかを示す指標で、利益の成長性に対する株式市場の期待を反映しています。そのため、利益成長が見込まれる有望な事業分野に対して積極投資を行ない、利益の成長性を高めることでＰＥＲを引き上げる効果が期待できます。

先に計算したように、2022年３月末における大日本印刷のＰＥＲは7.97倍となっています。**当時の東証プライム（旧東証一部）の平均値は15〜20倍**でしたから、基本方針発表後のＰＥＲ（9.92倍）との比較で見ても、大日本印刷の数値はかなり低い水準です。大日本印刷に対して、市場は積極的な成長戦略を求めている状況だといえます。

では、大日本印刷は、どの事業分野に投資を行なっていくべきなのでしょうか。次ページに示すセグメント別の比率に、そのヒントがありそうです。

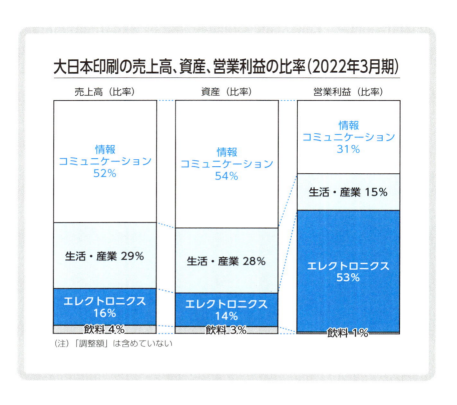

　これによれば、エレクトロニクス事業の占める比率は売上高で16％、資産で14％であるにもかかわらず、営業利益では53％を占めています。エレクトロニクス事業の営業利益ベースの売上高利益率は22％、ＲＯＡ（総資産利益率）は20％であり、他の事業分野より大幅に高くなっています（ＲＯＡの詳細についてはChapter 2の92〜103ページを参照）。

　基本方針発表後もＰＥＲが市場平均に届いていないことを考えると、自社株買いを行なうだけではなく、こうした**有望な事業分野に積極投資を行なっていく**などの「選択と集中」を進めることが、**大日本印刷の収益性を高め、ひいてはＰＥＲを高めていくためのカギになる**でしょう。

## ☑ 自社株買いの引き金となった東証の開示要請ともう１つの理由

　ところで、大日本印刷の財務上の課題自体は以前からあったもので、今に

始まったことではありません。では、なぜ今、大日本印刷はＰＢＲやＲＯＥの向上を経営目標とし、政策保有株式の削減や自社株買いの実施に踏み切ったのでしょうか。そこには、２つの理由があります。

１つは、東京証券取引所（以下、東証。現日本取引所グループ）からの要請です。東証は2023年３月31日に「資本コストや株価を意識した経営の実現に向けた対応について」という資料を公表し、「資本コストを上回る資本収益性を達成できていない場合」や「ＰＢＲが１倍を割れているなど、十分な市場評価を得られていない場合」などでは、その要因に対する現状評価と改善に向けた方針や目標、具体的な取り組みを投資家に開示するよう要請しました。こうした東証の姿勢が大日本印刷の戦略に影響を与えている可能性は高いといえるでしょう。

そして、もう１つの理由は、**アクティビスト**（**物言う株主**）の存在です。

2023年１月26日付の日本経済新聞朝刊では、著名アクティビストである米エリオット・マネジメント（以下、エリオット）が、大日本印刷の株式の５％弱を保有していることが判明したと報じています。

エリオットは、政策保有株をはじめとした金融資産を売却し、その資金を成長事業への投資や株主還元に回すことを大日本印刷に対して提案しているとも報道されています（2023年２月27日付日本経済新聞朝刊）。

大日本印刷の戦略転換は、こうした要請や提案に後押しされたものだと推測されます。

## ここが比較するポイント！

大日本印刷が2023年２月に公表した「ＤＮＰグループの経営の基本方針」は、株式時価総額（株価）に対してポジティブなインパクトを与えました。政策保有株式の削減や自社株買いが株式市場から評価されたためです。

一方で、ＰＥＲは市場平均に届かず、成長戦略に課題を残す状態でもあり

ました。

　その後、大日本印刷は2023年12月に半導体基板を手掛ける新光電気工業へ約850億円の出資を決めるなど、エレクトロニクス事業への積極的な投資を進めています。

　こうした姿勢も評価されて大日本印刷の株式時価総額は上昇し、2024年6月には一時ＰＢＲが１倍を突破しました。その後も、2024年10月まで１倍前後で推移しています。また、同期間のＰＥＲも概ね10倍を超える水準となっています。

　また、2024年11月に大日本印刷が提出した半期報告書の記載によれば、アクティビストのエリオットが同社株式を売却したことが明らかになりました。

　今後も大日本印刷が政策保有株の削減や株主還元、そして積極的な成長戦略を推し進めていくことが、ＲＯＥ、株式時価総額を高め、ＰＢＲ、ＰＥＲを引き上げるための鍵になっているといえます。

# Chapter 3

## 2 大正製薬のMBOが安すぎると批判された理由
ロート製薬との明暗がはっきり分かれた事情とは？

次の事例として、大衆薬大手の**大正製薬ホールディングス**（以下、大正製薬HD）と**ロート製薬**の決算書とPBR、PERを取り上げます。

大正製薬HDは、創業家主導による**MBO**（Management Buyout、**経営陣による買収**）を実施しました。買収価格には5割を超える**プレミアム**（価

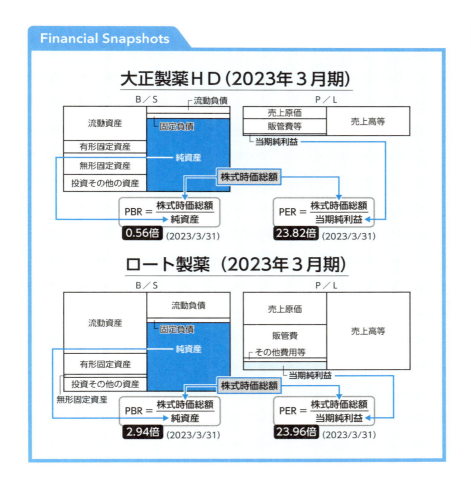

**Financial Snapshots**

格の上乗せ分）がつけられていたにもかかわらず、投資家からは「安すぎる」との批判が集まりました。その背景には、同社の株価が低迷していたことがありました。ロート製薬の決算書と比較しながら、その原因について見ていきましょう。

## ✅ ファンドからの批判を浴びた大正製薬ＨＤのＭＢＯ

2024年１月16日、大正製薬ＨＤは、オーナー家の上原茂副社長が代表を務める**ＳＰＣ**（**特別目的会社**）、大手門による**ＴＯＢ**（**株式公開買付**）が成立したと発表しました。ＳＰＣとは、Special Purpose Companyの略で、限定された目的のために設立される会社のことです。ＭＢＯの際には、株式を買い取る際の受け皿となる会社として設立されることが多く見られます。

これにより、大手門は大正製薬ＨＤの73％の議決権を取得することとなりました。最終的な買付総額は7,077億円になると見込まれていました。

2023年には、大正製薬ＨＤをはじめ、ベネッセホールディングスやシダックスなど有名企業によるＭＢＯの発表が相次ぎましたが、大正製薬ＨＤの事例は、日本企業では過去最大のＭＢＯです。

このＭＢＯをめぐっては、複数の投資ファンドから批判の声が上がりました。１株に対して8,620円に設定されたＴＯＢ価格が安すぎる、というのがその理由です。

その背景には、大正製薬ＨＤのＰＢＲが、長期間にわたって１倍を下回る低水準で推移していたことがあります。低いＴＯＢ価格によるＭＢＯ、そしてそれに伴う上場廃止は、少数株主の利益を損なうとしてファンドからの批判が集まったのです。

ここでは、なぜ大正製薬ＨＤの株価が低迷し、ＭＢＯを行なうに至ったのか、一方で、なぜロート製薬が大きく業績を伸ばすことに成功したのか、それらの理由を探っていきましょう。

## ☑ 大正製薬ＨＤの決算書から見るＭＢＯ誘発の理由とは？

まずは、大正製薬ＨＤの決算書から見ていきましょう。以下の図は、大正製薬ＨＤの2023年３月期における決算書を比例縮尺図に図解したものです。図中には、ＰＢＲとＰＥＲについても試算の結果を掲載しています。

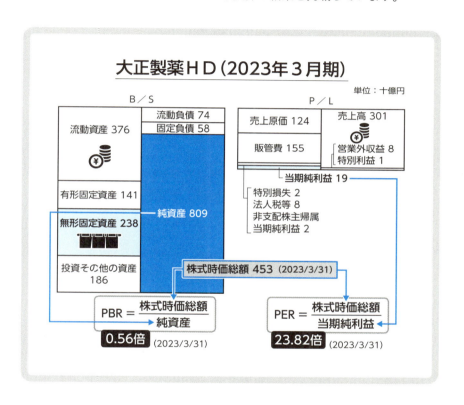

　Ｂ／Ｓの左側（資産サイド）で最大の金額を占めているのは、流動資産（3,760億円）です。この流動資産の中には、現預金が2,560億円計上されています。

　この現預金の金額は、売上高の10.2か月分に相当します。仮に売上高がゼロになったとしても、単純計算で10か月強は耐えられる水準です。大正製薬ＨＤの現預金は潤沢だといえます。

次いで大きいのは、無形固定資産（2,380億円）です。この半分以上は、2019年にフランスの医薬品メーカーＵＰＳＡやベトナムのハウザン製薬を買収した際などに発生したのれん（1,280億円）です。

　それ以外の無形固定資産の多くも、海外で大衆薬事業を手掛ける両社の買収によって計上されたものです。**積極的なＭ＆Ａによる海外展開が、多くの無形固定資産を計上することになった理由**だといえます。

　投資その他の資産（1,860億円）のほとんどを占めているのは投資有価証券（1,510億円）で、この多くはいわゆる政策保有株式です。

　Ｂ／Ｓの右側（負債・純資産サイド）には、流動負債が740億円、固定負債が580億円計上されていますが、これらの負債の中には借入金や社債といった有利子負債は計上されていません。**大正製薬ＨＤは典型的な無借金経営**です。大正製薬ＨＤが無借金経営を行なっている背景には、中興の祖である上原正吉氏の経営方針があるといわれています。

　純資産の金額は8,090億円で、自己資本比率（＝純資産÷総資本）は86％と極めて高い水準にあります。

　Ｐ／Ｌについても見ていきましょう。

　売上高が3,010億円であるのに対し、売上原価は1,240億円（原価率は41％）、販管費（販売費及び一般管理費）は1,550億円（販管費率は51％）となっています。当期純利益（親会社株主に帰属する当期純利益）は190億円で、売上高当期純利益率（＝当期純利益÷売上高）は6％という水準です。**医薬品メーカーの売上高当期純利益率の平均が10％前後**であることを踏まえると、大正製薬ＨＤの収益性は決して高くありません。

　また、大正製薬ＨＤのＲＯＥ（＝当期純利益÷純資産、詳細についてはChapter 2の92～103ページを参照）を試算してみると、2％にすぎません。ＲＯＥの分母となる純資産が大きいことも影響した結果、**ＰＢＲが1倍を超える目安とされる、ＲＯＥ8％**という水準には遠く及ばない状況です。

大正製薬ＨＤの株価が低迷していた要因の１つには、こうした収益性の低さがあると推察されます。現預金や投資有価証券といった金融資産が大きいことも、収益性の低さにつながっています。一般に、**事業資産に比べて金融資産の収益性は低くなる傾向にある**からです。加えて、**金融資産を多く保有することによって企業経営に緩みが出る懸念から、株価がさらに下押しされている可能性もあります。**

　決算日に当たる2023年３月31日時点の株価である5,520円から計算される株式時価総額（自己株式を除く）は、4,530億円でした。これを純資産（8,090億円）で割ると、ＰＢＲは0.56倍となります。実際、決算時点での大正製薬ＨＤの株価は、Ｂ／Ｓ上の１株当たり純資産を大きく割り込む水準でした。

　また、ＴＯＢ価格である8,620円と、2024年３月期第２四半期における純資産（8,560億円）をもとにＰＢＲを試算してみると0.83倍となり、ＰＢＲが１倍を下回る価格でのＴＯＢであったことがわかります。

　ＴＯＢ価格をＴＯＢ発表前営業日（2023年11月22日）の株価（終値）である5,515円と比較すると、56％の買収プレミアム（買収価額と株式時価総額〔市場価値〕との差額）がつけられています。この買収プレミアム自体は一般的には低いものではなく、むしろ十分に高い水準に映ります。

　ただ、ＰＢＲが１倍を下回る企業に対して、東京証券取引所が改善に向けた方針などを開示するよう要請している状況下です。**５割超のプレミアムがつくといえどもＰＢＲが１倍を下回るＴＯＢ価格であったことが、複数のファンドからの批判を集めることになった主な要因**だといえます。また、そのような価格設定を容認した大正製薬ＨＤの特別委員会の体制に問題があったとも指摘されています。

　視点を変えてみれば、それほど「割安」な株価水準であったことが、今回のＭＢＯを誘発したとの見方もできるでしょう。

　なお、大正製薬のＰＥＲは23.82倍となっています。これについては、後ほどロート製薬と比較してみましょう。

## ☑ 高い水準を達成しているロート製薬の収益性とＰＢＲ

続いて、ロート製薬の決算書も見てみましょう（下図参照）。

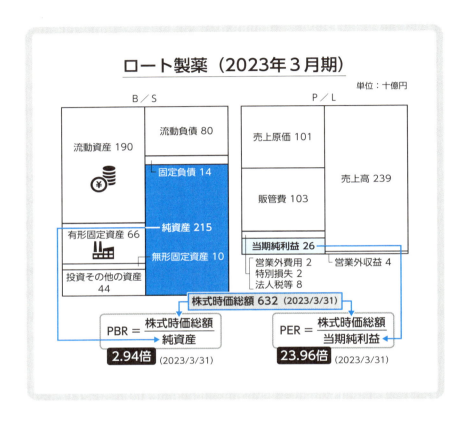

　Ｂ／Ｓの左側で最大の金額を占めているのは、流動資産（1,900億円）であり、その約4割は現預金（800億円）です。ロート製薬も十分なキャッシュを確保していますが、現預金の水準は売上高の4.0か月分であり、大正製薬ＨＤに比べるとキャッシュの水準は抑えめとなっています。

　次いで大きいのは有形固定資産（660億円）で、ここには医薬品の生産設備や物流施設、研究開発拠点などが計上されています。

　Ｂ／Ｓの右側を見てみると、流動負債が800億円、固定負債が140億円計

上されています。これらの負債には有利子負債（借入金）が合計で120億円含まれていますが、保有する現預金の金額（800億円）を踏まえると、**ロート製薬は実質無借金経営**です。

　純資産は2,250億円で、自己資本比率は69％です。大正製薬ＨＤの自己資本比率（86％）に比べればやや低いものの、こちらも十分に高い水準です。

　続いて、Ｐ／Ｌについても見ていきましょう。売上高が2,390億円であるのに対し、売上原価は1,010億円（原価率は42％）、販管費は1,030億円（販管費率は43％）です。大正製薬ＨＤと比べると原価率は１ポイント程度高いものの、販管費率は８ポイント低くなっています。こうしたことも影響した結果、当期純利益は260億円計上されており、売上高当期純利益率は11％と大正製薬ＨＤの６％に比べて高くなっています。

　当期純利益と純資産から計算されるロート製薬のＲＯＥは12％です。これは、ＰＢＲが１倍を超える目安とされる８％を上回っています。大正製薬ＨＤの２％に比べて、10ポイント程度高い水準です。

　ロート製薬の2023年３月31日時点の株価（終値）2,770円から株式時価総額（自己株式を除く）を試算すると6,320億円となり、ＰＢＲは2.94倍です。**ロート製薬の株価の水準は１株当たり純資産の３倍近くになっていますが、その要因の１つには高い収益性がある**といえます。

　また、ロート製薬のＰＥＲは23.96倍となっています。大正製薬ＨＤのＰＥＲは23.82倍でしたから、両社の間に大きな差は見られません。前のセクション１（126〜127ページ）で取り上げたように、ＰＢＲはＲＯＥとＰＥＲの掛け算によって表されることを踏まえれば、大正製薬ＨＤのＰＢＲが低い原因は、ＲＯＥの低さにありそうです。

　2018年３月期と2023年３月期のＲＯＥを比較してみると、大正製薬ＨＤでは５％から２％に低下しているのに対し、ロート製薬では７％から12％に上昇しています。**両社の収益性における明暗がＰＢＲにも反映されている**といえます。

## ☑ 大正製薬ＨＤが国内市場で苦戦した２つの要因

両社の業績に明暗が分かれた要因について、セグメント別の業績からもう少し詳しく解説しましょう。

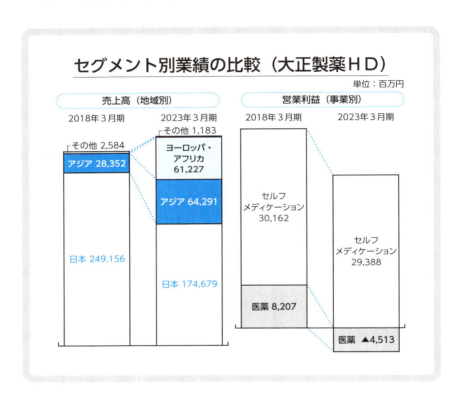

上図は、大正製薬ＨＤにおける地域別の売上高と事業別の営業利益を2018年3月期と2023年3月期で比較したものです（地域別の営業利益が開示されていないため、営業利益については事業別で比較しています）。

まずは左側の売上高から見ていくと、アジアやヨーロッパ・アフリカの売上高が伸長した一方で、日本における売上高が2018年3月期の2,492億円から2023年3月期の1,747億円へと、大きく落ち込んでいることがわかります。

アジアでの増収については、2019年5月にベトナムのハウザン製薬を買

収したことが、ヨーロッパ・アフリカでの増収は2019年7月にフランスのＵＰＳＡを買収したことが大きく影響しています。海外で大衆薬事業を手掛ける両社を買収したことにより、大正製薬ＨＤにおける海外事業の売上高は大きく成長しました。その結果、大正製薬ＨＤにおける海外売上高の割合は2018年3月期の11％から2023年3月期の42％へと大きく増加しています。

一方、日本における売上高が落ち込んだ背景には、大きく分けて2つの理由があります。

1つは、主に**医療用医薬品を手掛ける医薬事業の不振**です。骨粗しょう症治療薬「エディロール」の中外製薬との販売提携が終了したことや、主力医薬品の特許切れなどにより医薬事業の売上高は2018年3月期の961億円から2023年3月期の377億円へと大きく減少しました。

そして、もう1つは、**国内大衆薬事業における新たな会計基準適用の影響と、大衆薬主力製品の売上高縮小**です。2022年3月期から新収益認識基準が適用されたことに加え、「リポビタン」シリーズや「リアップ」シリーズの売上高が落ち込んだことで、国内大衆薬事業の売上高は2018年3月期の1,502億円から、2023年3月期の1,345億円に低下することとなりました。

その結果として、右側の事業別営業利益では、医薬事業の営業損益が2018年3月期の82億円のプラスから2023年3月期の45億円のマイナスとなり、2022年3月期から2期連続の赤字に転落してしまいました。一方、**セルフメディケーション（大衆薬）事業の営業利益は微減に抑えられたものの、海外における売上高の増加が利益の増加に結びつかなかったために、売上高営業利益率は低下しています。**

以上を踏まえると、**大正製薬ＨＤの収益性が低迷した主な要因は、大衆薬事業の伸び悩みと医薬事業の不振**であったといえます。

## ☑ 増収増益となったロート製薬の転機となった「ある買収」とは？

続いて、ロート製薬についてもセグメント別の業績を見てみましょう。以

下の図は、ロート製薬の地域別の売上高と営業利益を2018年3月期と2023年3月期とで比較したものです。

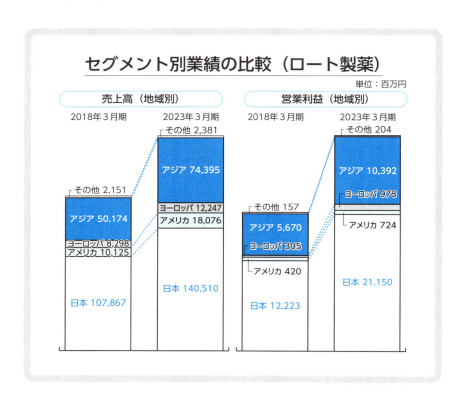

左側の売上高から見てみると、日本国内での売上高は2018年3月期の1,079億円から2023年3月期の1,405億円と増収になっています。それに加え、アジア、ヨーロッパ、アメリカといった海外の売上高もそれぞれ大きく伸びている状況です。

特にアジアでの売上高は、2018年3月期の502億円から2023年3月期の744億円へと大きく増加しており、日本国内の売上高の半分以上にまで成長しています。

また、それに伴って、右側に示した営業利益も大きく伸びています。日本国内における営業利益は、2018年3月期の122億円から2023年3月期の212

億円に、アジアでは57億円から104億円に、それぞれ大きな増益となっています。利益の規模は小さいものの、ヨーロッパやアメリカの営業利益もそれぞれ増益基調です。

これらの増収増益を主にけん引しているのは、「肌ラボ」や「メラノＣＣ」「オバジ」といったスキンケア商品です。

ロート製薬といえば、日本国内トップシェアで社名の由来ともなった目薬や、祖業である胃腸薬のイメージも強いですが、**2023年３月期の連結売上高に対する割合では、スキンケア商品が全体の66％を占める**に至っています。今や、目薬の割合は20％、胃腸薬などの内服薬は11％にすぎません。

そして、スキンケア商品の連結売上高に占める割合を地域別に見てみると、日本国内では54％となっているのに対し、アジアでは79％、アメリカでは75％、ヨーロッパでは98％となっています。**海外事業の成長は、スキンケア商品の大きな伸びによって支えられている**のです。

こうしたスキンケア領域への進出の礎となったのは、1988年の米メンソレータムの買収でした。

ロート製薬では、1975年からメンソレータムブランドの取得によりスキンケア領域へと進出していましたが、同社の買収により海外ネットワークを獲得することで、アジアを中心としたグローバル展開を推し進めました。その後、2000年代に入ると、2001年に「オバジ」を、2004年に「肌ラボ」を発売し、機能性の高いスキンケア商品を主力商品へと育て上げてきました。

さらに、ロート製薬は2013年に再生医療に参入。**「幹細胞」を用いた治療の臨床研究を行なうとともに、再生医療の技術をスキンケア商品などの開発に生かす取り組みを進めています。**

**スキンケア商品のグローバルでの成長力に対する期待に加え、こうした新たな成長分野への取り組みが株式市場で評価された結果が、ロート製薬の高いＰＢＲにつながっている**といえるでしょう。

### ここが比較するポイント！

　このセクションでは、大衆薬大手の大正製薬ＨＤとロート製薬の決算書とＰＢＲ、ＰＥＲを比較してきました。

　スキンケア商品が伸びて増収増益となったロート製薬に対し、大正製薬ＨＤでは大衆薬事業の収益性低下と医薬事業の不振が響いて収益性が低迷したために、両社のＰＢＲは明暗が分かれることとなりました。

　株価が低迷する状況で行なわれた大正製薬ＨＤの創業家主導によるＴＯＢでは、買付価格に５割を超えるプレミアムがつけられていたにもかかわらず、買収価格ベースのＰＢＲは１倍を下回る水準となっていました。これが、投資ファンドからの批判を招いたわけです。

　その後、ＴＯＢが成立したことを受けて、大正製薬ＨＤでは2024年３月18日に開催された臨時株主総会で、全株式を取得するための**スクイーズアウト（株式の強制買い取り）**を進めることなどを決め、４月９日に上場廃止となりました。

　非上場企業となった大正製薬ＨＤが抱える今後の経営課題とは何でしょうか。

　大正製薬ＨＤでは、2023年11月24日に開示した、ＴＯＢへの応募を推奨するニュースリリースの中で、「短期的な株式市場からの評価にとらわれず」「中長期的な視点から当社の企業価値を向上させる」ために「一丸となって各施策に迅速かつ果敢に取り組むことができる経営体制を構築することが必要」だと述べています。

　また、同じニュースリリースの中では、具体的な施策として「セルフメディケーション事業における営業体制の抜本的な見直し及び自社ＥＣサイトの拡大」「海外事業における、製品ポートフォリオの拡大及び事業の拡大に向けた投資」などが挙げられています。

ＭＢＯ後に再上場をめざす企業も少なくありません。大正製薬ＨＤも再上場への道を志すとすれば、中長期的な成長戦略を描き、必要とされる施策を着実に実行することで成長力を取り戻せるかが問われることになります。

## Chapter 3

### 3 株主還元に対する姿勢が表れる配当性向、総還元性向
減収減益の日立が最高益のパナソニックに株価で大差をつけた理由

**Accounting Ratios**

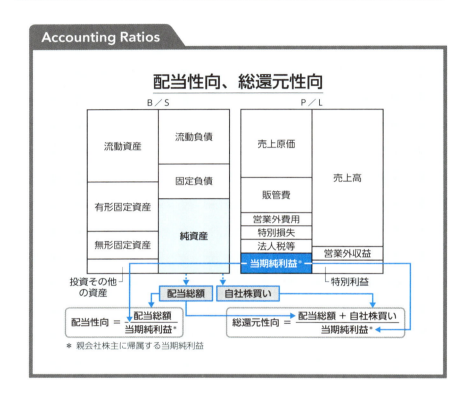

### 指標のトリセツ

**配当性向**とは、親会社株主に帰属する当期純利益のうち、何％を配当に回したのかを示す株主還元指標です。また、**総還元性向**とは、配当金額に自社株買いの金額を加えたものを親会社株主に帰属する当期純利益で割ったものです。

配当性向が配当金だけを捉えた指標であるのに対し、総還元性向は自社株買いも含めた指標となっているのが特徴です。

## ☑ 巨額の赤字を計上してから構造改革を進めてきた日立製作所

　ここでは、電機業界の中から、**パナソニックホールディングス**（以下、パナソニックＨＤ）と**日立製作所**の決算書と、代表的な株主還元指標である配当性向と総還元性向を取り上げます。日本を代表する総合電機メーカーとして有名な両社ですが、近年は大きな事業再編を進めていることでも知られます。

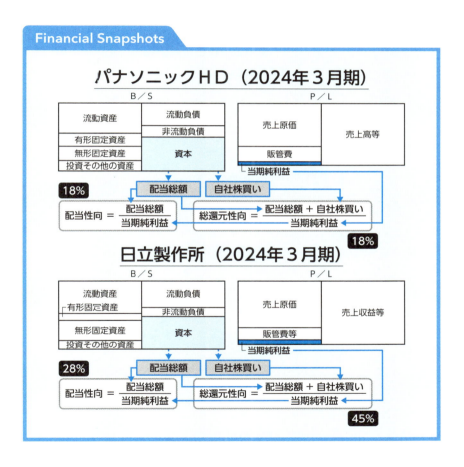

　日立製作所は、2009年３月期に7,873億円という、当時の製造業としては過去最大の巨額最終赤字を計上して以降、積極的な事業構造改革を行なってきました。

2012年3月にＨＤＤ（ハードディスクドライブ）事業を米ウエスタンデジタルに売却したのを皮切りに、その後は日立物流（現ロジスティード）、日立キャピタル（現三菱ＨＣキャピタル）などの上場子会社を次々と売却しました。

　最近では、2022年8月に日立建機の株式を一部売却、2023年1月には日立金属（現プロテリアル）を売却するとともに、自動車部品を手掛ける日立Astemoの株式を2023年10月に本田技研工業に一部譲渡することで**持分法適用会社**（**関連会社**：出資元企業で計上されるＢ／Ｓ上の「投資有価証券」の残高と、Ｐ／Ｌ上の「持分法による投資損益」とを通じて損益の状況が反映される会社のこと）とし、**連結子会社**から外しています。

　さらに、2024年7月には米ジョンソン・コントロールズ・インターナショナルと共同出資で設立していた空調合弁会社で、「白くまくん」ブランドで知られる家庭用エアコン事業を手掛けているジョンソンコントロールズ日立空調を独ボッシュに売却することを発表しました。

　一方で、**中核となる事業ドメイン（事業を行なう領域）を「社会イノベーション事業」と定義し、その軸としてデジタルトランスフォーメーション（ＤＸ）支援を行なう「ルマーダ」を打ち出しました。**

　そのルマーダとの間でシナジー（相乗効果）が期待できる、日立ハイテクノロジーズ（現日立ハイテク）などの上場子会社については完全子会社化（親会社にすべての株式を保有されている子会社にすること）や吸収合併を進め、積極的にグループ内に取り込みました。こうした売却や**完全子会社化**などの結果、かつて多数あった上場子会社は、2023年3月期にゼロとなりました。

　また、2020年7月にはスイスＡＢＢからパワーグリッド（送配電）事業を7,400億円で買収（株式の約8割を取得、2022年12月に完全子会社化）。さらに、2021年7月にはＤＸ支援サービスを手掛ける米グローバルロジックを96億ドル（有利子負債の返済を含む、日立公表ベースで1兆368億円）で買収するなど、積極的なＭ＆Ａを行なっています。

日立製作所の2024年3月期決算は、売上収益（売上高に相当）が9兆7,290億円、親会社株主に帰属する当期純利益（以下、当期純利益）が5,900億円となり、当期純利益が過去最高を記録した前期との比較では減収減益となりました。その主な要因としては、売却対象となった日立金属が連結から外れたことと、日立建機や日立Astemoの株式を一部売却し、持分法適用会社化したことなどが挙げられます。

## ☑ 減収減益の日立と増収増益のパナソニックなのに株価の明暗は逆転

　パナソニックＨＤも、事業再編を進めてきています。2014年3月にはパナソニックヘルスケアを投資ファンドＫＫＲが設立したパナソニックヘルスケアホールディングス（現ＰＨＣホールディングス）に売却、2020年1月にはパナソニックホームズをトヨタとの合弁会社であるプライムプラネットエナジー＆ソリューションズに移管し、連結子会社から外しました。

　一方で、2021年9月にはサプライチェーン（原材料や部品の調達から製品の販売に至る一連のプロセス）を最適化するソフトウェアを手掛ける、米ブルーヨンダーを総額79億ドル（有利子負債の返済を含む、ブルーヨンダー公表ベースで8,633億円）で買収しました。奇しくも、日立製作所と同じタイミングで米国のＩＴ企業を買収したことになります。

　パナソニックＨＤは、ブルーヨンダーを買収した目的として、**パナソニックＨＤが進めるサプライチェーンマネジメント（ＳＣＭ）分野におけるＤＸを加速し、顧客企業の経営課題解決を推進する**ためだとしています。

　パナソニックＨＤの2024年3月期の業績は、売上高が8兆4,960億円、当期純利益が4,440億円となり、前期比で増収増益、当期純利益は過去最高を記録しました。

　パナソニックＨＤでは、増収の要因として自動車部品などを手掛けるオートモーティブ事業や、ソフトウェアやシステムインテグレーションを手掛けるパナソニックコネクトやブルーヨンダーなどを傘下に抱えるコネクト事業の売上高が増加したことや、為替レートの影響などを挙げています。また、

増益の要因としては価格改定・合理化の進展、米国政府からの補助金などがあったとしています。

　以上のように、決算で見れば日立製作所は減収減益、パナソニックＨＤは増収増益で最高益という状況ですが、じつは両社の株価の推移を見てみると明暗は逆転します。

　日立製作所の株価（権利落ち修正後の終値）は2022年3月末時点での1,233円から2024年8月末の3,572円と3倍弱にまで上昇しているのに対し、パナソニックＨＤの株価は同期間で1,188.5円から1,212.5円と、ほとんど上昇していないのです。

　これは一体、なぜなのでしょうか。両社の決算書と、株主還元の姿勢を示す指標とされる配当性向と総還元性向から、その理由について解説していきます。

## ☑ ブルーヨンダーの買収で無形固定資産が膨らんだパナソニック

　まずは、パナソニックＨＤの決算書を見ていきます。右ページの図は、2024年3月期におけるパナソニックＨＤの決算書を比例縮尺図に図解したものです。

　図左のＢ／Ｓから見ていきましょう。Ｂ／Ｓの左側（資産サイド）で最大の金額を占めているのは、流動資産（4兆1,530億円）です。ここには、売上債権（営業債権及び契約資産）が1兆3,610億円、棚卸資産が1兆2,090億円、現預金（現金及び現金同等物）が1兆1,200億円計上されています。

　次に大きいのが、無形固定資産（のれん及び無形資産、1兆9,840億円）です。ブルーヨンダーを買収した際に、大きなのれんと無形資産が計上されています（Ｍ＆Ａにおいてのれんが計上されるメカニズムについてはChapter 1の16～17ページを参照）。過去に大きなＭ＆Ａを行なったことが、Ｂ／Ｓに大きな影響を及ぼしていることがわかります。

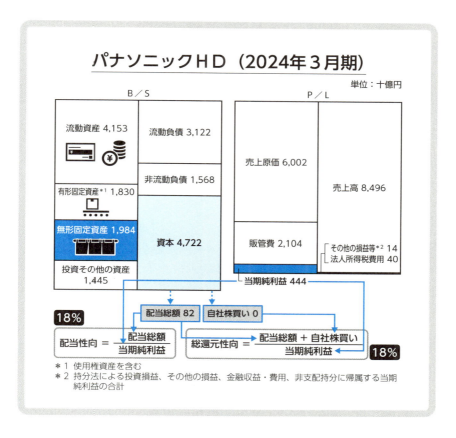

　また、有形固定資産（使用権資産を含む）が1兆8,300億円計上されていますが、これは家電や電子部品、電池などの生産設備を保有しているためです。パナソニックの電機メーカーとしての特徴が表れている資産だといえます。

　B／Sの右側（負債・純資産サイド）には、流動負債が3兆1,220億円、非流動負債（固定負債に相当）が1兆5,680億円計上されています。また、有利子負債（社債、借入金、リース負債）が流動資産に3,310億円、非流動負債に1兆2,950億円含まれています。

　資本（純資産に相当）は4兆7,220億円で、自己資本比率（＝資本〔純資産〕÷総資本）は50％となっています。

続いて、P／Lを見ていきます。売上高が8兆4,960億円であるのに対し、売上原価は6兆20億円（原価率は71％）、販管費は2兆1,040億円（販管費率は25％）となっています。売上高から売上原価、販管費を差し引き、その他の損益等（持分法による投資損益、その他の損益、金融収益・費用、非支配持分に帰属する当期純利益を合算したもの）と法人所得税費用を加味した当期純利益は4,440億円で、売上高当期純利益率（＝当期純利益÷売上高）は5％となっています。

続いて、このセクションで取り上げる指標である、配当性向と総還元性向についても見ていきましょう。

**配当性向とは、配当総額を当期純利益で割ったもの**で、親会社株主に帰属する当期純利益のうち、何％を配当に回したのかを示す指標です。また、**総還元性向とは、配当総額に自社株買い**（市場に出回っている自社の株式を買い戻すこと）**の金額を加えたものを当期純利益で割ったもの**です。

配当性向は、配当金だけを捉えた株主還元指標であるのに対し、総還元性向は、配当金に加えて自社株買いによる株主還元も含めた指標となっている点にその特徴があります。

パナソニックＨＤの有価証券報告書に記載のある「配当政策」から配当金の総額を調べてみると、中間配当と期末配当がそれぞれ410億円、合計で820億円となっています。これを当期純利益（4,440億円）で割ると、配当性向は18％と計算できます。当期純利益の5分の1弱を配当金に回しているということになります。

一方で、自社株買いに支払った金額（正確には、自社株の取得に支払った金額から自社株の売却で得た金額を引いたもの）をキャッシュ・フロー計算書における財務活動によるキャッシュ・フローの項目から見てみると、**パナソニックＨＤはほとんど自社株買いを行なっていない**ことがわかります。そのため、総還元性向は配当性向とほぼ同じ（18％）です。

## ☑「脱製造業」に突き進む、株主還元に積極的な日立製作所

ここからは、日立製作所の決算書と株主還元指標について見ていくとともに、なぜ日立の株価が上昇した一方で、パナソニックHDの株価が伸び悩んでいるのか、その理由について解説しましょう。

下の図は、2024年3月期の日立製作所における決算書を図解したものです。

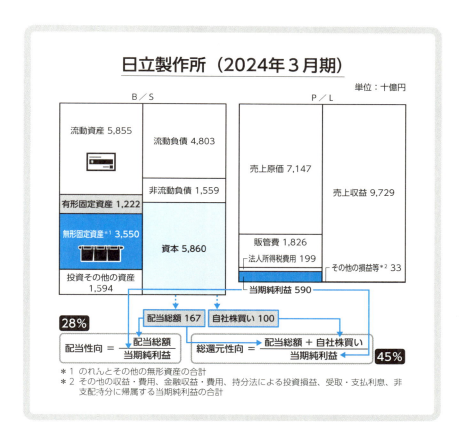

図左に示したB／Sの左側で最大の金額を占めているのは、流動資産（5兆8,550億円）です。ここには、売上債権（契約資産を含む）が2兆9,910億円、棚卸資産が1兆5,110億円、現預金が7,050億円計上されています。

次に大きいのは、無形固定資産（のれんとその他の無形資産の合計、３兆5,500億円）です。この大半はのれん（２兆3,720億円）で、主にＡＢＢのパワーグリッド事業ならびにグローバルロジックを買収した際に計上されたものです。パナソニックＨＤと同様に、過去の大型Ｍ＆ＡがＢ／Ｓの資産に大きな影響を与えています。

　一方で、有形固定資産は１兆2,220億円となっており、2022年３月期における２兆4,790億円から半減しています。また、この金額はパナソニックＨＤの１兆8,300億円に比べてかなり少なくなっています。

　これは、日立製作所が日立建機や日立金属、日立Astemoといった有形固定資産を多く保有する子会社を売却、あるいは一部売却することで連結子会社から外してきたためです。日立製作所が進めてきた「脱製造業」の姿勢がＢ／Ｓにも反映された結果ともいえます。

　続いて、Ｂ／Ｓの右側を見てみると、流動負債が４兆8,030億円、非流動負債が１兆5,590億円計上されています。そのうち、有利子負債が流動負債に2,250億円、非流動負債に9,550億円含まれているという状況です。

　資本の金額は５兆8,600億円で、自己資本比率は48％となっています。

　Ｐ／Ｌでは、売上収益が９兆7,290億円であるのに対し、売上原価は７兆1,470億円（原価率73％）、販管費は１兆8,260億円（販管費率19％）となっており、その他の損益等（その他の収益・費用、金融収益・費用、持分法による投資損益、受取・支払利息、非支配持分に帰属する当期純利益を合算したもの）と法人所得税費用を加味した当期純利益は5,900億円でした。売上高当期純利益率は６％です。

　配当性向と総還元性向についても見ておきましょう。日立製作所の配当金の総額は、中間配当が740億円、期末配当が930億円で、合計で1,670億円となっています。これを当期純利益（5,900億円）で割ると、配当性向は28％と計算されます。

また、自社株買いがほとんど行なわれていなかったパナソニックＨＤとは違い、日立製作所のキャッシュ・フロー計算書からは**2024年3月期に1,000億円の自社株買いが行なわれたことがわかります。**配当と自社株買いの金額合計を当期純利益で割ると、総還元性向は45％となっています。

　パナソニックＨＤの配当性向、総還元性向はいずれも18％であったことから、**日立製作所のほうがより積極的な株主還元政策をとっている**ことがわかります。

　コーポレート・ファイナンスにおいては、積極的な株主還元を行なう企業ではフリー・キャッシュ・フロー（ＦＣＦ）が今後増加するという見通しを経営者が持っているとする仮説（シグナリング仮説）や、余剰キャッシュを自社に溜め込むことで経営者が株主価値の向上につながらない投資を行なうのではないかという株式市場からの懸念に対し、積極的な株主還元にはそうした懸念を払拭する効果があるとする仮説（ＦＣＦ仮説）があります。

　こうした仮説を踏まえれば、特に**安定期にある企業においては、株主還元に多くの資金を配分する企業の株価が高くなる傾向がある**、といえます。

　したがって、日立製作所の積極的な株主還元政策は株価の上昇に一役買っていると推測することができるでしょう。

## ☑ 日立とパナソニックで株価に大差がついた決定的な理由とは？

　では、パナソニックＨＤの配当性向や総還元性向が低く、日立製作所では高くなっている理由は何でしょうか。両社のキャッシュ・フロー（ＣＦ）計算書のデータから探ってみましょう。

　次ページの図は、パナソニックＨＤのＣＦの推移を2016年3月期から2024年3月期までまとめたものです。

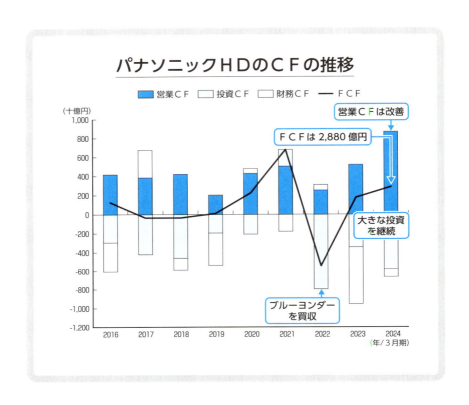

　これによると、2022年3月期の投資ＣＦがおよそマイナス7,960億円と大きなマイナスになっていることが読み取れます。これは、先に述べたブルーヨンダーを買収したことによるものです。

　その後、2023年3月期、2024年3月期において営業ＣＦは改善傾向にあります。営業ＣＦ改善の主な要因は当期純利益が増加したことと、棚卸資産を削減したことです。パナソニックＨＤは、2023年3月期から2025年3月期までの中長期戦略において、3か年の累積営業ＣＦを2兆円とする目標を掲げています。こうした計画の下、パナソニックＨＤが、ＣＦ経営（Ｐ／Ｌ上の利益向上に加え、ＣＣＣ〔キャッシュ・コンバージョン・サイクル、詳細はChapter 5の230～243ページを参照〕の改善などを通じて営業ＣＦの増加を目指す経営のこと）を浸透させ、営業ＣＦを改善してきた様子がうかがえます。

一方で、投資ＣＦは2023年３月期におよそマイナス3,440億円、2024年３月期におよそマイナス5,790億円とマイナス幅が大きくなってきています。これは主に、**北米において車載向け電池を製造する新工場の新設などに向けた大きな設備投資を継続的に行なっている**ためです。

　以上の結果、営業ＣＦと投資ＣＦを合計した**フリー・キャッシュ・フロー（ＦＣＦ）**は2024年３月期で2,880億円のプラスになりました。ＦＣＦは、投資を行なった後に残った余剰ＣＦであり、有利子負債の返済や配当金の支払い、自社株買いを行なううえでの原資となります。パナソニックＨＤの場合は、このＦＣＦ（2,880億円）から820億円を配当金の支払いに充当しているという見方になります。

　日立製作所の連結ＣＦについても見ていきましょう（下図参照）。

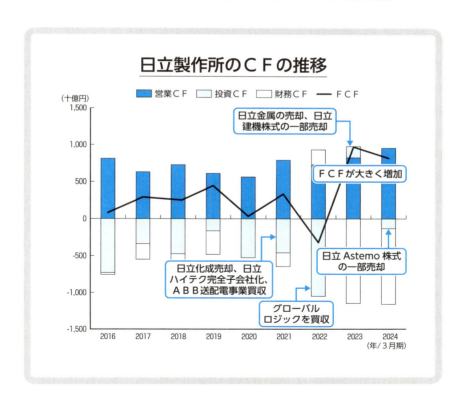

日立製作所においても、2022年3月期の投資ＣＦがおよそマイナス1兆490億円と大きなマイナスです。これは、グローバルロジックを買収したことで大きな資金支出があったことによります。

　しかしながら、その後の投資ＣＦの状況を見てみると、2023年3月期は1,510億円のプラス、2024年3月期はおよそマイナス1,320億円となっており、純投資額が大きく減少していることが読み取れます。これは主に、日立金属の売却や、日立Astemoと日立建機の株式一部売却などによって資金収入が得られたためです。**ノンコア事業と位置づけた上場子会社などの売却が、投資ＣＦのマイナス幅の縮小に貢献している**といえます。

　また、日立製作所においても2022年3月期以降、営業ＣＦは徐々に改善傾向にあります。2023年3月期には棚卸資産の増加の抑制などが、2024年3月期には**棚卸資産の増加抑制に加えて前受金の獲得やキャッシュインを伴わない事業再編等収益の減少などが営業ＣＦの増加に寄与しています。**

　その結果、日立製作所のＦＣＦは2023年3月期には9,780億円、2024年3月期には8,250億円と高水準で推移しています。**大きく増加したＦＣＦを配当金と自社株買いに充当することができた**ため、2024年3月期における日立製作所の総還元性向は45％と高くなっていたわけです。なお、2023年3月期の総還元性向は52％となっており、2期連続で高い水準での株主還元が行なわれていたことがわかります。

　2024年3月期における当期純利益の比較ではパナソニックＨＤが4,440億円、日立製作所が5,900億円と、日立製作所がパナソニックＨＤの1.3倍となっているのに対し、ＦＣＦではパナソニックＨＤが2,880億円、日立製作所が8,250億円でパナソニックＨＤの2.9倍となっています。**総還元性向や配当性向の分母である当期純利益の差異に比べて、配当や自社株買いの原資となるＦＣＦの差異が大きくなっていることが、パナソニックＨＤと日立製作所の総還元性向に大差がついた要因の１つ**です。

　さらに、日立製作所のＣＦＯである加藤知巳氏は、大規模な構造改革は一服するものの、「事業ポートフォリオの見直しは終わらない」とし、資産売

却を継続すると述べています。売却によって得た資金は、成長投資や自社株買いに充てる方針です。また、総還元性向について「50％程度は意識している」とも語っています（2024年7月9日付日本経済新聞朝刊）。

　これらの発言を踏まえれば、日立製作所の経営陣は今後もＦＣＦが高水準で推移していくと見込んでおり、さらにそのＦＣＦの多くを株主還元に充てようとしていることがわかります。こうしたことが、最近の日立製作所の株高につながっていると見ることができるでしょう。

　一方で、パナソニックＨＤの株価を上昇させるためには、ブルーヨンダーや車載向け電池事業に対する大規模な投資が、今後の営業ＣＦの増加、ひいてはＦＣＦの増加と株主への還元につながることが必要になります。今後、パナソニックＨＤの営業ＣＦが投資に見合うだけの増加を見せるか否かが、パナソニックＨＤの株価動向を占ううえで注目すべきポイントだといえます。

## ここが比較するポイント！

　ここでは、日立製作所とパナソニックＨＤの決算書、株主還元指標である配当性向と総還元性向を比較してきました。増収増益のパナソニックＨＤと減収減益の日立製作所ですが、株価の明暗は逆転していました。

　その背景にあったのは、ＦＣＦと株主還元に対する姿勢の違いでした。

　北米における車載電池事業への投資に注力するパナソニックと、事業ポートフォリオの見直しにより資産売却を実行してきた日立製作所の間では、当期純利益の差以上にＦＣＦの水準には差がついていました。

　また、日立製作所ではそうした潤沢なＦＣＦを株主還元に振り向けています。その結果が両社の株価の差につながっている事例だったといえます。

## Chapter 3

### 4 DOE（純資産配当率）を目標に掲げる意味
大阪ガスの株価を押し上げた「2つの原動力」とは？

**Accounting Ratios**

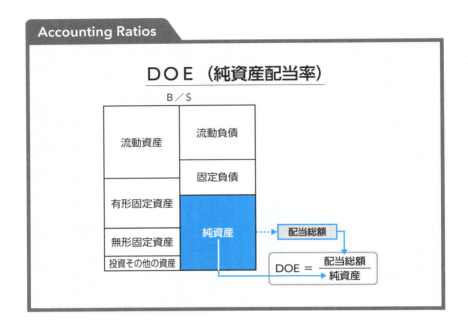

### 📖 指標のトリセツ

　**DOEは、最近注目を集めている株主還元指標**です。配当性向と比較すると、分母に変動しやすい当期純利益ではなく相対的に変動しにくい純資産を使用するため、**安定配当を志向している企業に向いている指標**です。

　また、当期純利益が黒字で推移し、内部留保を行なうことを前提とすれば、純資産は毎年増加するため、DOEを一定にすれば配当総額は年々増加することになります。そのため、減配をしない「累進配当」の方針とも相性がいい指標といえます。

## ✅ 大阪ガスと東京ガスの株式時価総額が逆転した理由とは？

　ここでは、脱炭素への対応が課題とされるガス会社から、東京ガスと大阪ガスの決算書と、最近注目を集めている株主還元指標であるＤＯＥ（純資産配当率、株主資本配当率とも呼ばれます）を取り上げます。

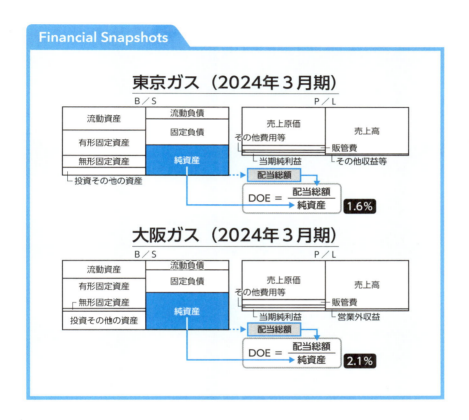

　両社の株式価値の総額を表す株式時価総額を比較すると、東京ガスが長らく業界首位の座を守っていましたが、2024年春には大阪ガスが東京ガスの株式時価総額を抜いたことでも話題になりました。2024年10月18日終値時点での株式時価総額（自己株式を除く）は、東京ガスが１兆2,620億円であるのに対し、大阪ガスは１兆2,890億円と、大阪ガスがやや上回っている状況です。

東京ガスの2024年3月期連結決算は、売上高が2兆6,650億円、営業利益が2,200億円、親会社株主に帰属する当期純利益（以下、当期純利益）が1,700億円となり、過去最高を記録した2023年3月期からの減収減益となりました。

　一方、大阪ガスの2024年3月期決算では、売上高は2兆830億円と前期比減収となりましたが、営業利益は1,730億円、当期純利益は1,330億円と前期比増益で、いずれも過去最高益を記録しました。

　**株式時価総額が逆転したのは、こうした決算の明暗によるものだと見えるかもしれませんが、理由はそれだけではありません。大阪ガスが新中期経営計画で導入を表明した株主還元指標「ＤＯＥ」が大きく影響している**のです。こうした指標にも着目しながら、大阪ガスが東京ガスの株式時価総額を逆転した背景について決算書から読み解いていきましょう。

## ☑ シェールガス会社買収で無形固定資産が増加した東京ガス

　東京ガスから見ていきましょう。右ページの図は、同社の決算書を比例縮尺図に図解したものです。

　まずは、Ｂ／Ｓから見ていきます。Ｂ／Ｓの左側（資産サイド）で最大となっているのが、有形固定資産（1兆4,460億円）です。東京ガスは都市ガスの供給や製造に関わる設備を保有しているため、有形固定資産の占める金額が大きくなっています。

　次いで大きいのが、流動資産（1兆3,040億円）です。ここには、売上債権（受取手形、売掛金及び契約資産、4,540億円）や現預金（3,640億円）が含まれています。

　なお、無形固定資産が6,820億円計上されていますが、そのかなりの部分が鉱業権（5,260億円）で占められています。これは主に、2023年12月にシェールガス（天然ガス）開発を手掛ける米ロッククリフ・エナジーを27億ドル（東京ガス公表ベースで4,050億円）で買収したことによって計上され

たものです。海外のシェールガスに対する投資が無形固定資産を増加させた主な要因といえます。

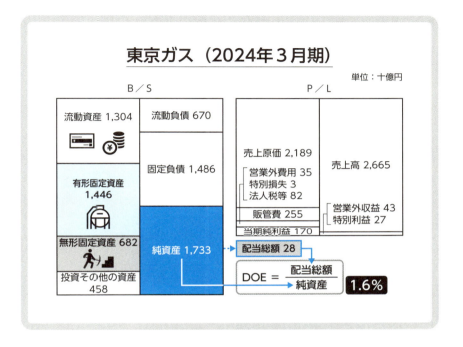

　Ｂ／Ｓの右側（負債・純資産サイド）に目を向けると、流動負債が6,700億円、固定負債が１兆4,860億円計上されており、有利子負債（社債、借入金）が流動負債に740億円、固定負債に１兆2,700億円含まれています。大規模投資に必要とされる資金を有利子負債で調達している状況がうかがえます。

　純資産は１兆7,330億円で、自己資本比率（＝純資産÷総資本）は45％となっています。

　続いてＰ／Ｌを見てみると、売上高が２兆6,650億円であるのに対し、売上原価は２兆1,890億円（原価率は82％）、販管費は2,550億円（販管費率は10％）となっています。ここから営業外収益・費用、特別利益・損失、法人税等を加味した当期純利益は1,700億円で、売上高当期純利益率（＝当期純利益÷売上高）は６％です。

このセクションで取り上げる株主還元指標であるDOE（純資産配当率、株主資本配当率とも呼ばれる）についても見ていきましょう。**DOEは配当総額を純資産で割ることで算出できます。**東京ガスの配当総額は280億円であることから、DOEは1.6％であることがわかります。

## ☑ 大阪ガスが新中計で「DOE」を目標に掲げた意図

続いて、大阪ガスの決算書を読み解いていきます（下図参照）。

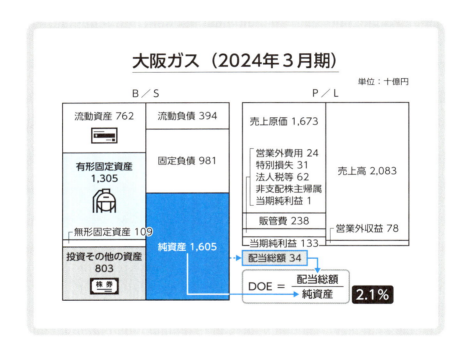

B／Sの左側で最大の金額を占めているのは、東京ガスと同じく有形固定資産（1兆3,050億円）です。国内のガス供給設備や、海外におけるガス生産設備等が計上された結果といえます。

また、投資その他の資産も8,030億円と大きくなっています。この大半は投資有価証券（5,390億円）で、ジョイントベンチャーをはじめとした関連会社株式が多くを占めています。

流動資産（7,620億円）の内訳を見てみると、売上債権が2,710億円、棚卸資産が2,120億円などとなっています。

　流動負債は3,940億円、固定負債は9,810億円で、有利子負債が固定負債に8,150億円計上されています。純資産は１兆6,050億円で、自己資本比率は54％です。

　Ｐ／Ｌでは、売上高が２兆830億円計上されている一方で、売上原価が１兆6,730億円（原価率は80％）、販管費が2,380億円（販管費率は11％）となっています。当期純利益は1,330億円で、売上高当期純利益率は６％という水準です。

　ＤＯＥについては、配当総額が340億円であることから、2.1％と計算できます。ＤＯＥの水準は東京ガスよりもやや高くなっています。

　大阪ガスでは、2024年３月に公表した、2027年３月期に向けた３か年の新中期経営計画において、これまでの株主還元方針で掲げていた配当性向30％以上という目標に代えて「ＤＯＥ３％」という目標を打ち出しました。

　ここで、株主還元指標としてＤＯＥの目標値を掲げる意味について考えてみましょう。

　従来からよく使われる株主還元指標である配当性向（＝配当総額÷当期純利益）と比較すると、**ＤＯＥでは分母として年ごとに変動しやすい当期純利益ではなく、相対的に変動しにくい純資産を使用することから、配当総額が安定的に推移することが期待できます。**

　また、当期純利益の黒字を維持し、内部留保を行なう（純資産の利益剰余金が積み上がる）状況を前提とすれば、純資産は毎年増加傾向となることから、ＤＯＥを一定に保つことにより配当総額は年々増加することとなります。減配をせず、増配または配当を維持する方針のことを「累進配当」と呼びますが、そうした意味で**ＤＯＥは累進配当と親和性の高い株主還元指標である**といえます。実際、**大阪ガスはＤＯＥの数値目標を株主還元方針に盛り込む**

と同時に、累進配当の導入を公表しています。

## ☑ 大阪ガスの株価を引き上げた2つの原動力

　大阪ガスのDOE目標のインパクトを探るために、東京ガスと大阪ガスのDOEの推移を見てみましょう。以下の図は、両社における2013年3月期から2024年3月期までのDOEの推移をまとめたものです。

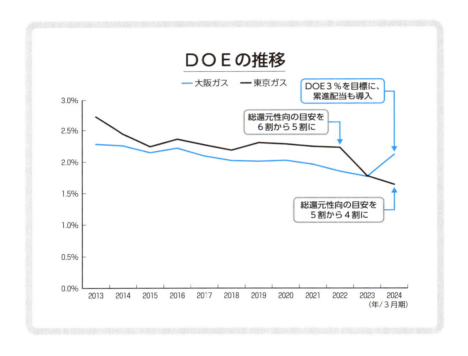

　これによれば、2023年3月期までの両社のDOEは緩やかな低下傾向にありますが、2024年3月期の大阪ガスのDOEは増加し、先に述べたように2.1％となりました。配当総額を2023年3月期の250億円から2024年3月期の340億円へと大きく増加させたのが、その要因です。東京ガスが、2022年3月期に総還元性向（＝〔配当総額＋自社株買い〕÷当期純利益）の目安を6割から5割に、2024年3月期に同5割から4割に引き下げた結果としてDOEを落としている動きとは対照的なものになっています（総還元性向に関する詳細については前のセクション3の144〜157ページを参照）。

大阪ガスが新中期経営計画で掲げたＤＯＥの目標値は３％だったことを踏まえると、大阪ガスは、東京ガスと大阪ガスのＤＯＥが逆転した2024年３月期よりもさらに配当総額を５割近く増加させることを計画していることになります。

　前のセクション３（153ページ）でも触れましたが、コーポレート・ファイナンスにおいては、増配を実施する企業ではフリー・キャッシュ・フロー（ＦＣＦ）が今後増加するという見通しを経営者が持っているとする仮説（シグナリング仮説）や、増配には「余剰キャッシュを自社に溜め込むことで経営者が株主価値の向上につながらない投資を行なうのではないか」という株式市場からの懸念を払拭する効果があるとする仮説（ＦＣＦ仮説）があります。こうした仮説によれば、**増配は株価を引き上げる原動力になりえます。**

　実際、大阪ガスが掲げた新たなＤＯＥの目標値が株式市場にもたらしたインパクトは大きいものがありました。先に述べた大阪ガスの中期経営計画の発表翌日（2024年３月８日）の株価は大きく上昇し、終値は3,446円となりました。前日終値の3197円と比較すると、7.8％の値上がりです。2024年３月８日終値時点での大阪ガスの株式時価総額は１兆4,090億円となり、東京ガスの株式時価総額である１兆3,990億円を上回りました。

　大阪ガスの株式時価総額が東京ガスの株式時価総額を上回ったのは2000年５月以来とされます（2024年４月10日付日本経済新聞朝刊）が、その原動力の１つとなったのが、新たな株主還元指標ＤＯＥの導入だったといえるでしょう。

　また、両社の収益性の推移も見てみましょう。次ページの図は、両社における2013年３月期から2024年３月期までの**ＲＯＡ**（総資産スライド差損益控除後経常利益率）の推移をまとめたものです（ＲＯＡの詳細についてはChapter 2 の92～103ページを参照）。なお、スライド差損益控除後経常利益とは、スライド差損益（原料価格の変動を販売単価に反映するまでの一時的な利益の変動）を補正した経常利益を示しています。

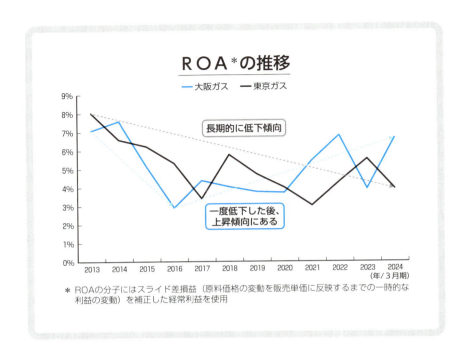

　これによれば、**長期的にＲＯＡが低下傾向を示している東京ガスに対し、大阪ガスでは2013年３月期から2016年３月期にかけてＲＯＡが低下した一方で、その後は上昇傾向にある**ことが読み取れます。こうした収益性の動向も株式時価総額に影響を与えている可能性があります。

　以上を踏まえれば、**新たな株主還元方針と収益性の向上が、大阪ガスの株式時価総額を引き上げる原動力になっている**といえそうです。

　その一方で、東京ガスが総還元性向の目安を引き下げている理由は何でしょうか。東京ガスでは、2023年２月に公表した中期経営計画において、2024年３月期から2026年３月期の３か年に想定している累積営業キャッシュ・フロー（ＣＦ）を1.1兆円としているのに対し、成長投資に6,500億円（脱炭素関連投資2,300億円を含む）、基盤投資に3,500億円、合計で１兆円を投じる計画を発表しています。**脱炭素関連投資などに資金が必要であることから、株主還元に充てる資金の割合を減らしている**と解釈することができるでしょう。

東京ガスが自らの株式時価総額を引き上げるためには、こうした脱炭素関連をはじめとした成長投資から今後の営業ＣＦをどう生み出すかが重要な局面となっています。

　新たな株主還元方針や収益性の向上が評価されている大阪ガスとしても、脱炭素化を含めてどのような成長戦略を描き、今後の営業ＣＦを伸ばしていくことができるのかが、中長期的な株式時価総額向上に向けては必要になっているといえます。

**ここが比較するポイント！**

　ここでは、東京ガスと大阪ガスの決算書と、大阪ガスが新たに株主還元指標として導入したＤＯＥについて見てきました。

　資金を次世代の脱炭素投資に振り向ける東京ガスに対し、株主還元に対して積極的な姿勢を打ち出した大阪ガスへの株式市場のポジティブな評価が両社の株式時価総額を逆転させた１つの要因になっています。

　また、両社の収益性の推移も株価に影響を与えている可能性があります。脱炭素ビジネスが利益を生み出すまでには時間がかかるといわれますが、東京ガスとしてはいかに早い段階で脱炭素投資の成果を得ることができるのか、そうした道筋を示すことが問われています。

　なお、2024年10月30日に東京ガスが新たな自己株式の取得といった株主還元の強化を打ち出したことと、同年11月19日に米アクティビストのエリオット・マネジメント（以下、エリオット）が提出した「大量保有報告書」により、同社による東京ガス株式の５％強の保有が判明したことから、東京ガスの株価は大きく上昇しました。これにより、東京ガスの株式時価総額は大阪ガスを再び上回ることになりました。

　報道によれば、エリオットは十分な利益を上げていない不動産の売却や成長投資、株主還元について協議するとされています（2024年11月21日付日本経済新聞朝刊）。大阪ガスに対して東京ガスは収益性や株主還元において

差をつけられていましたが、アクティビストからの圧力で経営方針が転換する可能性があり、そうした点が東京ガスの株価（株式時価総額）の上昇につながったといえそうです。

# Chapter 4

# 安全性指標と決算書

## 決算書＆指標を「図解×比較」した事例企業

福岡ソフトバンクホークス VS 阪神タイガース……171

福岡ソフトバンクホークス　2020年2月期 VS 2021年2月期……176

福岡ソフトバンクホークス　2021年2月期 VS 2023年2月期……177

阪神タイガース　2020年3月期 VS 2021年3月期……178

阪神タイガース　2021年3月期 VS 2023年3月期……179

コニカミノルタ　2022年3月期 VS 2023年3月期……181

楽天グループ　2018年12月期 VS 2022年12月期……190

日本海洋掘削　2014年3月期 VS 2018年3月期……199

# Chapter 4

## 1 企業の安全性を測る流動比率、固定比率、自己資本比率
阪神とソフトバンクはコロナ危機にどう立ち向かったのか？

**Accounting Ratios**

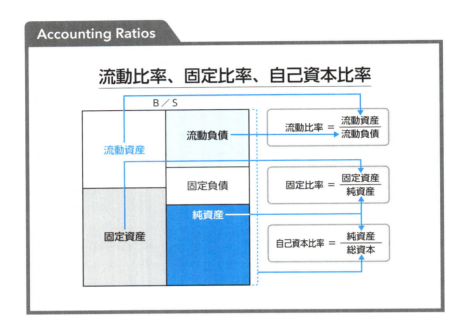

### 指標のトリセツ

　流動比率は、短期的に返済・支払いが必要な流動負債に対して支払いに充てられる流動資産がどれくらいあるのかを表します。

　固定比率は、長期的に保有する固定資産を取得するのに必要な資金を、返済の必要がない純資産でどれくらいカバーできているかを見る指標です。

　自己資本比率は、企業が調達した総資本のうち、返済の必要がない純資産がどれくらいの割合なのかを示す指標です。

　いずれも企業の安全性を見るときによく用いられる指標です。

## ☑ コロナ禍で大きな打撃を受けたプロ野球球団

コロナ禍は、プロ野球にも大きな打撃を及ぼしました。感染が急拡大した2020年には、３月に予定されていた公式戦の開幕が６月まで大幅に延期されるとともに、その後も無観客試合での開催を余儀なくされました。その後、徐々に制限付きでの有観客試合が認められるようになりましたが、2021年に入っても緊急事態宣言時には再び無観客試合が行なわれました。

こうしたコロナ禍における非常事態は、プロ野球球団の経営に対して、どのような影響を及ぼしたのでしょうか。

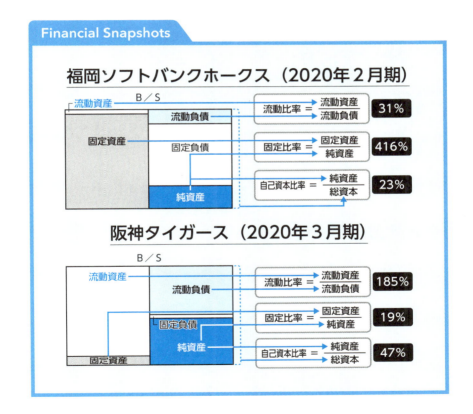

上図に示すように、Ｂ／Ｓと、企業経営の安全性を見るうえでの代表的な指標である、流動比率、固定比率、自己資本比率という３つの指標において、

福岡ソフトバンクホークス（以下、ソフトバンク）と阪神タイガース（以下、阪神）の間には大きな差があります。ここでは、Ｂ／Ｓや安全性の指標を用いて、両社がコロナ禍によって、どのような影響を受けたのか、そしてコロナ禍に対して、どのように立ち向かったのかを財務的な側面から見ていくことにしましょう。

### ☑ ソフトバンクは福岡ドームの所有で安全性指標の水準が低下

下図は、コロナ禍に入る前の2020年２月期におけるソフトバンクのＢ／Ｓを比例縮尺図に図解したものです。

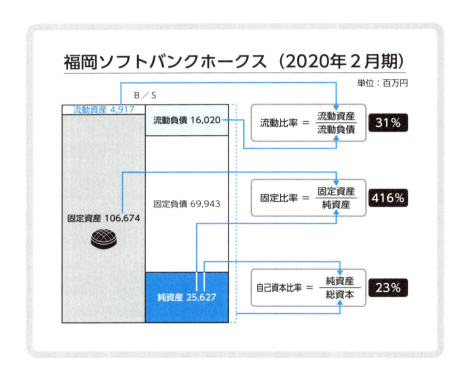

Ｂ／Ｓの左側（資産サイド）には、流動資産が49億1,700万円、固定資産が1,066億7,400万円計上されています。

決算公告ではそれぞれの資産の内訳までは明らかにされていませんが、固

定資産が大きくなっている理由は、2012年に本拠地である**福岡Yahoo! JAPANドーム（現福岡PayPayドーム。以下、福岡ドーム）をシンガポール政府投資公社から買い取ったことで、その所有権が固定資産に計上されている**ためです。

　一方、Ｂ／Ｓの右側（負債・純資産サイド）を見てみると、流動負債が160億2,000万円、固定資産が699億4,300万円、純資産が256億2,700万円計上されています。福岡ドームの買収などにかかった資金などを負債で調達していることから、流動負債や固定負債の金額も大きくなっています。

　ここで、企業経営の安全性を測る際の指標である、流動比率（＝流動資産÷流動負債）、固定比率（＝固定資産÷純資産）、自己資本比率（＝純資産÷総資本）の３点について見てみましょう。

　流動比率とは、短期的に支払いや返済を行なわなければならない負債（流動負債）に対して、短期間のうちに現金化されることが想定される資産（流動資産）がどれくらいあるのかを測る指標です。

　**流動比率の数値が高いほど、経営上の安全性が高い**と判断することができます。短期間のうちに支払わなければならない負債に対する支払い原資が潤沢であることを示すからです。単純に考えれば、**流動比率が100％を下回っている場合、流動負債の支払いに充てられる原資が不足していることになります。**

　2020年３月期におけるソフトバンクの流動比率を計算してみると31％となっており、流動資産が流動負債の３分の１にも満たない水準であることがわかります。ただし、これによりソフトバンクの安全性は低く、倒産してしまうのではないかと考えるのは早計です。

　**プロ野球球団は、チケット販売や広告料、球場での飲食や物販による現金収入が継続的に入ってくる、いわゆる「現金商売」に近い性格を持つビジネス**です。小売業やサービス業などの現金商売では、必要な支払いに先立って現金収入が入ってくるため、**平常時であれば多くの現金を持たなくても資金**

繰りを確保することができます。

そのため、ソフトバンクだけではなく楽天や日本ハムなど、コロナ禍前の決算において流動比率が100％未満であったプロ野球球団は決して少なくありません。

続いて、固定比率を見ていきましょう。固定比率とは、長期間保有する資産（固定資産）を取得するにあたって必要な資金を、返済の必要のない純資産でどれだけカバーできているのかを見る指標です。

**固定資産を取得する際には、短期間での支払いが求められる流動負債で調達した資金ではなく、長期にわたって使用できる、返済の必要がない純資産（株主資本）で調達した資金を使うほうが望ましい**ことから、こうした指標が使用されています。**固定比率は、低いほど安全性が高い**と判断される指標です。

ソフトバンクにおける固定比率は416％と、純資産に対して固定資産の金額が4倍を超える水準となっています。これは、先に述べた福岡ドームの所有権が固定資産に非常に大きな金額で計上されているためです。

自己資本比率は、B／Sに計上されている調達した資金の総額（総資本＝負債・純資産合計）に対して、返済の必要がない純資産による調達資金がどれくらいを占めているかを示す指標です。**自己資本比率は、高いほど経営上の安全性が高い**と判断することができます。返済不要な純資産の割合が高くなることがその理由です。

ソフトバンクにおける自己資本比率は23％となっており、決して高い水準とはいえません。これは、**福岡ドームの所有権を取得するにあたって必要な資金を負債で調達した**ことなどが影響していると推察されます。

## ☑ 阪神は経営上の安全性が非常に高い

続いて、阪神のB／Sも見ていきましょう（右ページの図参照）。

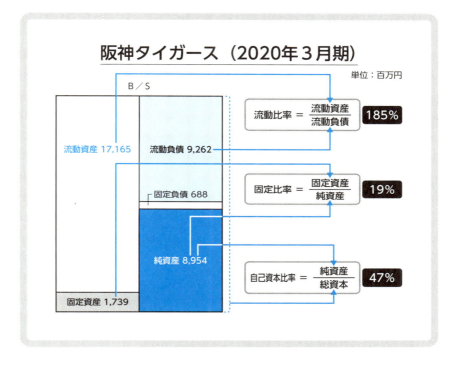

　阪神のＢ／Ｓは、ソフトバンクとは大きく様相が異なります。Ｂ／Ｓの左側のほとんどは流動資産（171億6,500万円）で占められており、固定資産は17億3,900万円にすぎません。

　**固定資産が少ないのは、阪神の本拠地である阪神甲子園球場が、球団の親会社である阪神電気鉄道（阪神電鉄）の所有となっているため**です。また、流動資産の金額が大きいことから、潤沢な現預金を保有していると推察されます。

　Ｂ／Ｓの右側を見てみると、流動負債が92億6,200万円、固定負債が6億8,800万円であるのに対し、純資産は89億5,400万円となっています。

　安全性の指標は、どうなっているでしょうか。

　阪神の流動比率は185％であり、流動資産が流動負債の2倍弱になってい

ることがわかります。**伝統的には、流動比率で見る安全性の目安は200％**と
もいわれていますが、阪神の流動比率はそれに近い水準です。

　固定比率は19％となっており、非常に低くなっています。固定資産が17
億3,900万円にすぎないことに加え、純資産が89億5,400万円と固定資産の
5倍を超えているからです。自己資本比率も47％となっており、ソフトバ
ンクに比べてかなり高くなっていることがわかります。

## ☑ 両球団はコロナ禍をどう乗り越えたのか？

　コロナ禍でソフトバンクのＢ／Ｓは、どのように変化したのでしょうか。
下図は、2020年2月期と2021年2月期のＢ／Ｓと安全性指標を比較したも
のです。

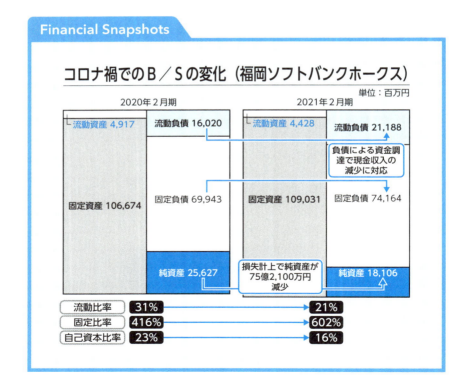

ここから、ソフトバンクでは2021年2月期にかけて流動負債、固定負債を増やしていることがわかります。**コロナ禍において現金収入が大きく減少する中、必要な現金の支出に対応するために負債による資金調達を行なっている**様子がうかがえます。一方、当期純損失の計上により純資産は75億2,100万円減少しています。

　その結果、流動比率は2020年2月期の31％から2021年2月期の21％に、固定比率は416％から602％に、自己資本比率は23％から16％へとそれぞれ安全性の観点からは悪化していることが読み取れます。

　さらに、その後のソフトバンクのB／Sの変化について見てみましょう。

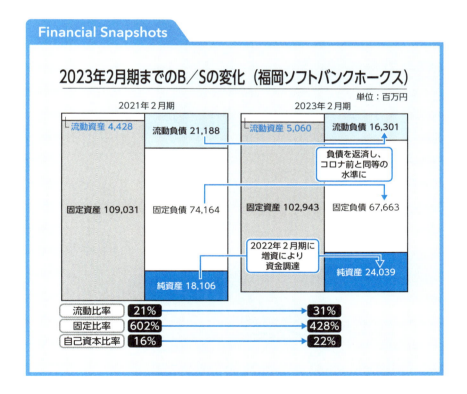

　これによれば、2023年2月期における流動負債は163億100万円、固定負債は676億6,300万円へとそれぞれ減少しています。これらは、2020年2月

期とほぼ同じ水準です。

　一方、純資産は240億3,900万円へと増加していますが、これは2022年2月期に増資を行なったためです（正確には、増資と減資を同時に行なったと推察されます）。2023年3月期におけるソフトバンクグループの有価証券報告書によれば、ソフトバンクは親会社であるソフトバンクグループの100％子会社ですから、この増資にあたって提供された資金はソフトバンクグループから拠出されたものです。**ソフトバンクグループからの増資による資金を負債の返済にも充当したと推察されます。**

　その結果、2023年2月期における流動比率は31％に、固定比率は428％に、自己資本比率は22％へとそれぞれ回復を見せています。ソフトバンクグループからの資金援助により、財務的にも持ち直した格好です。

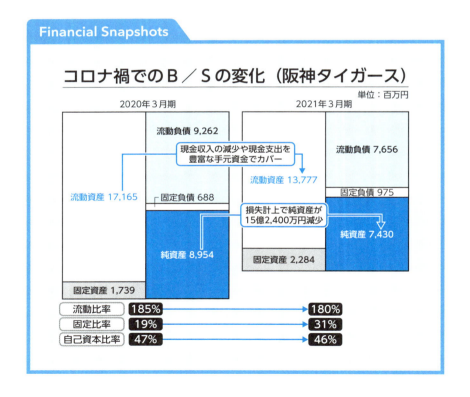

コロナ禍における阪神のＢ／Ｓの変化を見てみましょう（左ページの図参照）。阪神においても2021年3月期には当期純損失が計上されており、それに伴って純資産が15億2,400万円減少しています。しかしながら、**負債により多額の資金調達が行なわれた様子は見当たりません。**

　むしろ、流動負債は2020年3月期の92億6,200万円から2021年3月期の76億5,600万円へと減少しています。決算公告から流動負債の内訳を分析することはできませんが、買掛金や未払金など営業に関わる負債が減少した可能性もあります。

　負債による大きな資金調達を行なわずに済んだ大きな理由の1つは、手元資金が豊富だったことにあります。流動資産は2020年3月期の171億6,500万円から2021年3月期の137億7,700万円へと減少しており、**現金収入が減少する中、必要な現金支出を手元資金でカバーしている**様子がうかがえます。

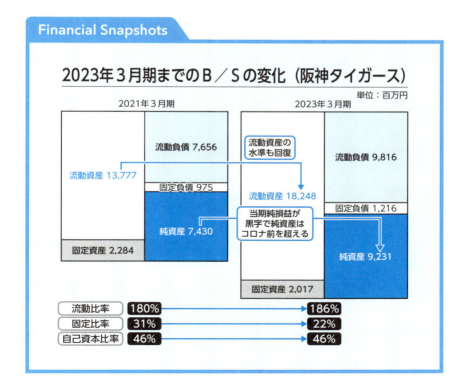

流動資産の減少や純資産の減少により、2021年３月期の流動比率は180％、固定比率は31％、自己資本比率は46％となり、2020年３月期に比べるとやや悪化してはいるものの、**安全性指標の数値としては十分な水準を保つことができています。**

　2023年３月期の阪神のＢ／Ｓ（前ページの図参照）を見てみると、流動資産は182億4,800万円、純資産は92億3,100万円となっており、コロナ禍前の水準以上に回復しています。これは、2022年３月期から当期純損益が黒字に転換したことが大きく寄与しています。再び利益を出せるようになったことで純資産の金額が増加し、現金収入が現金支出を上回ったことで流動資産の水準が回復したものと推察できます。

　その結果、2023年３月期の流動比率は186％、固定比率は22％、自己資本比率は46％となり、コロナ禍前の水準と遜色がなくなっています。

## ここが比較するポイント！

　ここでは、ソフトバンクと阪神のＢ／Ｓをコロナ禍前と後で比較することで、両球団がコロナ禍という非常事態に対してどう立ち向かってきたのかを見てきました。

　本拠地などへの投資が重く安全性指標の水準が相対的に低いソフトバンクでは、親会社からの資金援助により財務状況が持ち直した一方で、経営上の安全性が高い阪神では、現金収入の不足に対して豊富な手元資金を充当することで危機を乗り越えてきました。

　両社のＢ／Ｓと安全性指標の違いが、コロナ禍における対応の差を生み出したといえるでしょう。

# Chapter 4

## 2 | コニカミノルタが陥った事業転換の落とし穴
注力事業のヘルスケアが不調の理由は何か？

　ここでは、**コニカミノルタ**の決算書と自己資本比率を取り上げます。下図に示すように、コニカミノルタでは2022年3月期から2023年3月期にかけて自己資本比率を42％から35％に減らしています。

　その原因とは何だったのでしょうか。背景を探ってみると、コニカミノルタがはまった事業転換の「落とし穴」が見えてきました。決算書と自己資本比率から読み解いていきましょう。

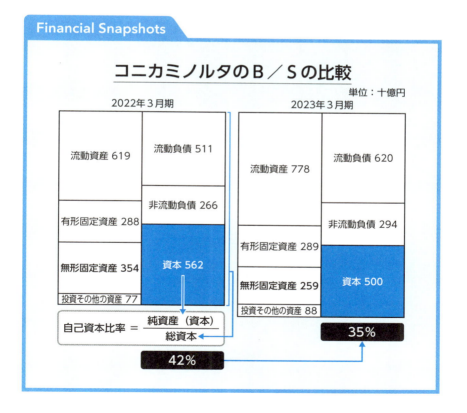

## ☑ 大規模な減損損失を計上したコニカミノルタ

　2023年5月15日、コニカミノルタは2023年3月期の決算において1,170億円もの減損損失を計上したことを発表しました。減損損失とは、ある固定資産の収益性が低下して投資回収が見込めなくなった際に、その帳簿価額を回収可能価額まで減額（減損処理）することで計上される損失をいいます。

　コニカミノルタは、2003年8月にコニカとミノルタが経営統合して生まれた会社です。カメラやフォト（写真）事業で知られた両社ですが、経営統合後の2006年3月にはカメラ事業を、2007年9月にはフォト事業を終了しました。ミノルタが開発した世界初のオートフォーカス一眼レフカメラ「α-7000」を源流に持つ「α」ブランドなどのデジタル一眼レフカメラ事業は、ソニーへと譲渡されました。

　現在では、複合機やITサービス・ソリューションなどを提供する「デジタルワークプレイス事業」、デジタル印刷システムなどを手掛ける「プロフェッショナルプリント事業」、画像診断システムや遺伝子検査サービスなどを行なう「ヘルスケア事業」、計測機器やディスプレー、映像関連機器などを手掛ける「インダストリー事業」を主力としています。

　特に最近は、2017年10月に産業革新機構と共同で遺伝子診断会社の米アンブリー・ジェネティクス（以下、アンブリー）を、同年11月には創薬支援の米インヴィクロを買収するなど、ヘルスケア事業に注力してきました。

　同業の富士フイルムホールディングスと同様に、カメラや写真を中心とした事業からの構造改革を進めてきた形です。

　じつは、コニカミノルタが巨額の減損損失計上に至った背景には事情があります。同社がはまった「落とし穴」の正体について解説していきましょう。

## ☑ コニカミノルタの決算書に見られる特徴とは？

まずは、2023年3月期のコニカミノルタの決算書を見てみます（下図参照）。

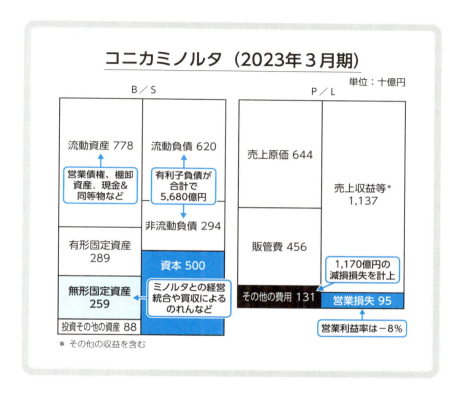

B／Sの左側（資産サイド）で最も大きな金額を占めているのは、流動資産（7,780億円）です。ここには、売掛金や受取手形などに相当する営業債権及びその他の債権（3,130億円）、棚卸資産（2,420億円）、現金及び現金同等物（1,810億円）などが含まれています。

無形固定資産が2,590億円計上されていますが、この大半はミノルタとの経営統合や買収によって発生した「のれん」（1,540億円）です。

B／Sの右側（負債サイド）には流動負債が6,200億円、非流動負債（固定負債に相当）が2,940億円計上されており、ここには社債及び借入金やリ

ース負債といった有利子負債が合計で5,680億円含まれています。資本（純資産に相当）は5,000億円です。

　Ｐ／Ｌでは、売上収益等（その他の収益を含む）が１兆1,370億円計上されているのに対し、売上原価は6,440億円（原価率57％）、販管費は4,560億円（販管費率40％）となっています。

　それ以外に、その他の費用が1,310億円計上されていますが、そのほとんどを占めているのが、冒頭に述べた1,170億円の減損損失です。この減損損失については、後ほど詳しく説明しましょう。

　減損損失により、その他の費用が大きく膨らんだ結果、営業損益はマイナス950億円と赤字を計上し、売上高営業利益率（＝営業損益÷売上収益等）はマイナス８％となりました。

## ☑ 減損処理がＢ／Ｓに与えた影響

　コニカミノルタの営業損益を赤字へと追い込んだ減損損失とは何だったのでしょうか。具体的に解説する前に、減損損失を計上する際に行なわれる固定資産の減損処理の概要について触れておきましょう。

　固定資産の減損処理とは、ある固定資産の収益性が低下して投資の回収が見込めなくなった際に、その固定資産の帳簿価額を回収可能価額まで減額する処理のことです。そして、その資産の減額に伴って計上される損失を減損損失と呼びます。

　こうした点を踏まえて、改めて冒頭で示したコニカミノルタのＢ／Ｓを2022年３月期と2023年３月期との間で比較してみましょう（右ページ参照）。

　これによれば、Ｂ／Ｓの左側に計上されている無形固定資産が、2022年３月期の3,540億円から2023年３月期の2,590億円へと減少していることがわかります。

この主な原因は、近年コニカミノルタが注力してきたヘルスケア事業において、遺伝子検査サービスなどを行なう「**プレシジョンメディシン（個別化医療）分野**」の収益性が低下し、アンブリーやインヴィクロを買収した際などに生じたのれんや無形資産の減損処理を余儀なくされたためです。

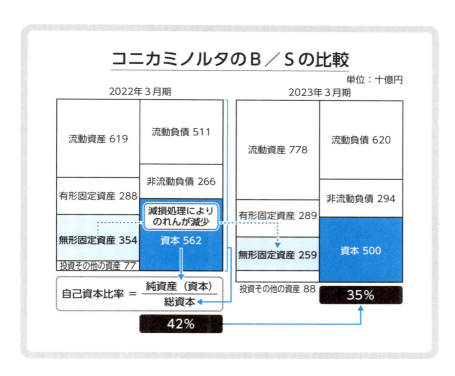

　この減損処理に伴って減損損失が計上されたため、資本は2022年3月期の5,620億円から2023年3月期の5,000億円へと減少しています。その結果として、企業の安全性を示す代表的な指標の1つである自己資本比率（＝資本〔純資産〕÷総資本〔総資産〕）は、2022年3月期の42％から2023年3月期の35％へと低下したわけです。

## ☑ 大型M＆Aが不調で営業CFを伸ばせず

　コニカミノルタが2017年に相次いで行なった大型買収の不調は、次ページの図に示したキャッシュ・フロー（CF）の推移にも表れています。

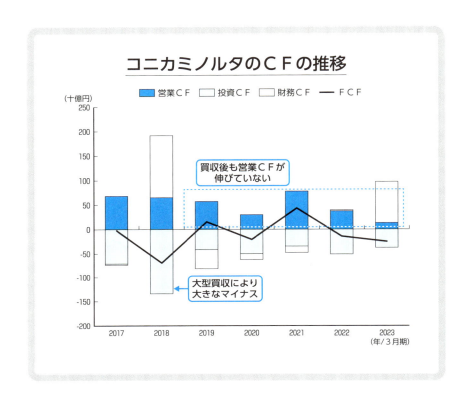

　これによれば、2018年3月期の投資活動によるキャッシュ・フロー（投資ＣＦ）は、マイナス1,340億円と大幅なマイナスとなっています。先に述べたアンブリーとインヴィクロを買収したためです。2018年3月期の有価証券報告書によれば、買収額は2社合わせて1,220億円（産業革新機構からの出資分も含む）に上っています。

　**こうしたＭ＆Ａを行なった後に注意しておきたいのが、営業活動によるキャッシュ・フロー（営業ＣＦ）の伸び**です。Ｍ＆Ａにおける投資は、将来の営業ＣＦによって回収されることが前提となっているためです。

　2019年3月期以降における営業ＣＦの推移を見てみると、思うように営業ＣＦが伸びていない状況がうかがえます。このデータを見る限り、**プレシジョンメディシン分野における大型Ｍ＆Ａは十分な成果を生み出しているとはいえません。**

2023年3月期の有価証券報告書によれば、プレシジョンメディシン分野の不振の理由について、新型コロナウイルス感染症拡大時の来院患者数の激減及びそれ以降の医療スタッフ不足等により遺伝子検査数の伸長が減速したことや、製薬会社での治験が遅延したことに加え、遺伝子分野でのパートナー企業との協業といった自社戦略の実行が遅れたことなどが挙げられています。その結果、同分野での減損損失計上に至ったのです。

　プレシジョンメディシン分野は、社会的価値が大きく潜在的には高い成長力がある事業だと見られています。しかし、未曾有の天災である**コロナ禍という不測の事態に見舞われたこと、そして遺伝子検査の需要成長が想定よりも大幅に鈍化するとともに、製薬会社での治験が遅延したことなどが、コニカミノルタの事業転換における「落とし穴」となってしまった**のです。

## ☑ 事業別利益の推移に見る戦略の方向性

　なぜ、コニカミノルタは大型M＆Aによりヘルスケア事業を強化しようとしたのでしょうか。そして、注力事業であったヘルスケア事業が不調へと陥っている中、今後の戦略の方向性をどのように考えているのでしょうか。事業別営業利益の推移から探っていくことにしましょう。

　次ページの図によれば、2019年3月期までの稼ぎ頭は事務用の複合機を中心としたデジタルワークプレイス事業（2019年3月期までのセグメント名はオフィス事業）でした。しかし、**ペーパーレス化の進展**などから、**デジタルワークプレイス事業の拡大は見込みにくい状況にありました**。実際、2020年3月期以降のデジタルワークプレイス事業の営業利益は減少傾向であり、2021年3月期、2022年3月期には2期連続で営業赤字に転落しています。

　コニカミノルタが、ヘルスケア事業における大型M＆Aに踏み切った理由はここにあります。

　**主力のデジタルワークプレイス事業における利益縮小が見込まれる中、コニカミノルタとしては新たな収益源を見つけなければいけない状況にありま**

した。そこで、**有望事業分野として「遺伝子診断事業」や「創薬支援事業」を選択したわけです。**これらは、医療界で最先端の研究開発が進んでいる、患者１人ひとりに合わせた治療法を選択して、その効果を高める「個別化医療」を実現するうえで重要な役割を担う事業です。

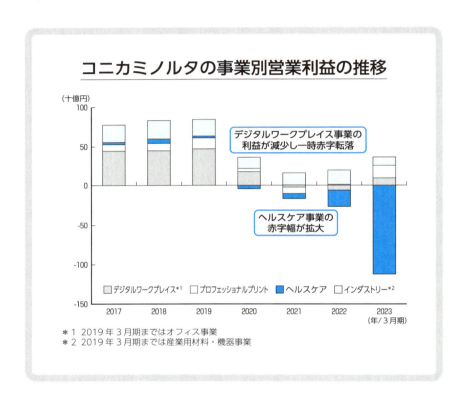

さらに、コニカミノルタが持つ独自のたんぱく質解析技術「ＨＳＴＴ」を組み合わせることで、シナジー（相乗効果）が生まれるとも予想されていました。

実際に、コニカミノルタにおいてアンブリー買収を主導した藤井清孝氏（2024年３月まで専務執行役）は「アンブリーとコニカミノルタの技術を組み合わせれば、遺伝子とたんぱく質の両方を深く知る世界初の企業になる」（日経ビジネス、2017年11月６日号）と述べていました。

しかしながら、先に触れたように新型コロナウイルス感染症拡大の影響もあって遺伝子診断サービスをはじめとしたプレシジョンメディシン分野は不振に陥り、ヘルスケア事業の営業損益は2020年3月期以降連続して赤字となりました。そして、2023年3月期には減損損失を計上したために大きな赤字を計上することとなったのです。

　こうした状況を受けて、コニカミノルタでは成長戦略の大きな見直しを迫られています。

　2023年5月15日に発表された新たな中期経営計画において、それまで「戦略的新規事業」に位置づけていたプレシジョンメディシン分野を「非重点事業」へと見直し、2024年4月にはインヴィクロの売却を完了しました。また、インダストリー事業、プロフェッショナルプリント事業に加え、画像診断などのヘルスケア事業の一部を「強化事業」として位置づけています。

　こうした強化事業の利益を伸ばしていけるかどうかが、今後のコニカミノルタの成長戦略の成否を左右するといえそうです。

### ここが比較するポイント！

　ここでは、コニカミノルタの決算書と自己資本比率を見てきました。

　注力事業であるヘルスケア事業、特に大型M＆Aを仕掛けたプレシジョンメディシン分野のコロナ禍における不振が巨額の減損損失の原因となりました。

　特に、大型M＆Aに伴う巨額の「のれん」の減損は、無形固定資産の価値切り下げに伴って自己資本比率を大きく低下させることになります。コニカミノルタでも、こうした状況が発生していました。

　純資産に匹敵、あるいは上回るような巨額の無形固定資産を計上しているような企業では、減損リスクの存在に留意する必要があります。

# Chapter 4

## 3 楽天グループが「大規模増資」に踏み切った理由
### 復活するためのポイントと最大の課題とは？

　ここでは、**楽天グループ**（以下、楽天Ｇ）の決算書を取り上げていきましょう。今や日本を代表する企業となった同社ですが、2023年に入って立て続けに大規模な増資や資産売却に踏み切ったことでも話題を呼びました。

　なぜ楽天Ｇは、そうした増資や資産売却を断行したのでしょうか。Ｂ／ＳやＣＦ計算書、そして下図に示した自己資本比率から、その理由を読み解くことができます。加えて、楽天Ｇが抱える経営課題と復活の鍵について解説しましょう。

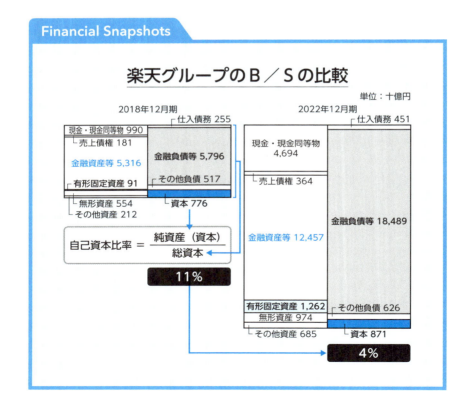

## ☑ 楽天Ｇの大規模な資金調達の「狙い」と決算書上の「特徴」

　楽天Ｇは、楽天市場に代表されるインターネットサービス事業、楽天銀行や楽天カード、楽天証券といったフィンテック事業、そして楽天モバイルが手掛けるモバイル事業を擁するコングロマリット（複合企業）です。

　そんな同社ですが、2023年に入って矢継ぎ早の資金調達を行なっています。2023年５月には公募増資および第三者割当増資により2,940億円を調達しました。

　公募増資とは、広く一般の投資家に対して株主を募集し、新しい株式を発行して資金調達を行なう方法で、一方、第三者割当増資とは、特定の第三者を対象に新株を発行するなどして資金調達を行なう方法のことをいいます。

　これらの増資で新たに発行した株式数は５億4,231万株で、これは増資前の発行済株式総数の34％に相当します。

　また、2023年４月には子会社である楽天銀行が東証プライム市場に上場しました。その際に、楽天Ｇが保有する楽天銀行株を一部売却し、720億円を調達すると発表しています。さらに、2023年５月には資本提携先である西友の保有株式を投資ファンドＫＫＲにすべて売却しました。売却金額は、220億円とされます（2023年５月13日付日本経済新聞朝刊）。

　これほど大規模な資金調達を立て続けに行なった理由を解き明かす鍵は、同社の決算書にありました。そこで、まずは楽天ＧのＢ／ＳとＰ／Ｌを読み解いていきましょう。

　次ページの図は、2022年12月期における楽天Ｇの決算書を比例縮尺図に図解したものです。

　まず、図左のＢ／Ｓから見ていきます。

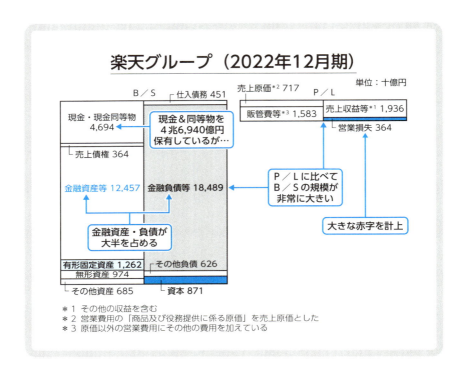

　B／Sの左側（資産サイド）で最も大きな金額を占めているのは、金融資産等（12兆4,570億円）です。ここには、銀行事業の貸付金（3兆5,080億円）、証券事業の金融資産（3兆4,310億円）、カード事業の貸付金（2兆7,760億円）など、フィンテック事業に関わる資産が計上されています。

　次いで大きいのは、現金及び現金同等物で、4兆6,940億円が計上されています。

　B／Sの右側（負債・純資産サイド）では、金融負債等（18兆4,890億円）が最も多く、ここには銀行事業の預金（8兆4,190億円）のほか、証券事業の金融負債が3兆4,940億円、銀行事業の借入金が2兆1,820億円、そして社債および借入金が1兆7,610億円含まれています。

　以上から、**楽天GのB／Sにおいては、多額の資金を必要とするフィンテック事業の金融資産および金融負債が非常に大きなウエートを占めている**こ

とがわかります。楽天Ｇの創業事業である「楽天市場」はモール型ＥＣ（電子商取引）事業（１つのＥＣサイト上に多数の店舗が出店している形態のＥＣ事業）ですが、フィンテック事業を拡大した結果、楽天ＧのＢ／Ｓは金融会社の様相を呈しています。

　こうした**金融事業を中心とした企業の場合、多額の資本を必要とするためにＢ／Ｓの規模が大きくなる一方、相対的にＰ／Ｌの規模が小さくなる**傾向にあります。

　楽天Ｇにおいても、総資産が20兆4,370億円であるのに対し、売上収益等（その他の収益を含む）は１兆9,360億円となっています。売上原価（商品および役務提供に係る原価）は7,170億円、販管費等（営業費用から商品および役務提供に係る原価を差し引きその他の費用を加えたもの）は１兆5,830億円で、営業損失は3,640億円となっています。売上高営業利益率（＝営業損益÷売上収益等）はマイナス19％と、大きな赤字を計上しています。

　この**大きな赤字の原因となったのは、2019年10月に携帯キャリアサービスへと本格参入したモバイル事業です。**

　2022年12月期の事業別のセグメント損益を見てみると、インターネットサービス事業が780億円の黒字、フィンテック事業が990億円の黒字であるのに対し、モバイル事業は4,930億円の赤字になっています。モバイル事業の大幅な赤字額が他の事業の利益を上回ってしまった結果、連結での損益が赤字になってしまっているのです。

## ☑ 金融事業拡大とモバイル事業がＢ／Ｓに与えた影響

　近年の楽天Ｇにおけるフィンテック事業の拡大とモバイル事業の携帯キャリアサービスへの参入は、Ｂ／Ｓにどのような影響を及ぼしたのでしょうか。改めて、冒頭でも示した携帯キャリアサービス参入前の2018年12月期と参入後に当たる2022年12月期のＢ／Ｓの比較を見てみましょう。

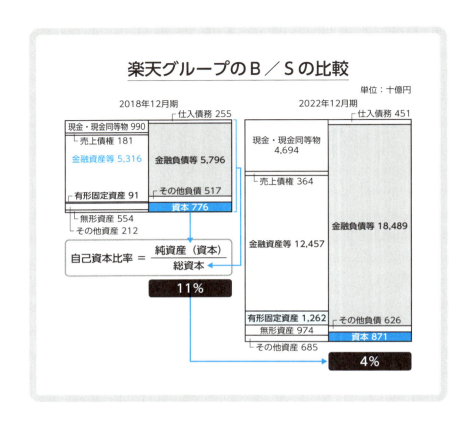

　上の図によれば、2018年12月期から2022年12月期にかけてB／S左側の金融資産等およびB／S右側の金融負債等が大きく増加しています。**フィンテック事業の拡大に伴って、金融ビジネスに関わる資産と負債が増大している**様子が見て取れます。

　また、有形固定資産も2018年12月期の910億円から、2022年12月期の1兆2,620億円へと大きく増加しています。この有形固定資産の大きな増加は、モバイル事業において「4G」や「5G」の基地局やネットワーク設備を新設してきたことによるものです。

　これらの結果として、楽天Gの総資産も2018年12月期の7兆3,450億円から2022年12月期には20兆4,370億円へと大きく増加しました。

その一方で、資本（純資産に相当）は2018年12月期の7,760億円から2022年12月期の8,710億円へとやや増加してはいるものの、総資産の増加スピードには追いついていません。

　資本が増加した要因は、IFRS（国際財務報告基準）において「資本」に分類される「その他の資本性金融商品」（米ドル及びユーロ建永久劣後特約付社債）の発行や、第三者割当増資を2021年12月期に行なったことなどにあります。

　その一方、モバイル事業の赤字により利益剰余金（内部留保に相当）が、2018年12月期の4,250億円から2022年12月期のマイナス2,540億円へと大きく減少しました。結果として、資本（純資産）の増加が総資産の増加に追いつかなかったのです。

　これに伴って、返済の必要のない資本（純資産）の総資本に対する割合を示し、企業の安全性を測る指標の1つである自己資本比率（＝資本〔純資産〕÷総資本）は、2018年12月期の11％から2022年12月期の4％にまで低下してしまっています。

　つまり、**資本（純資産）を増加させ、自己資本比率を引き上げたい、という意図が楽天Gの増資の背景にある**といえます。

## ☑ 非金融事業のCFにも表れる楽天Gの苦悩

　続いて、楽天Gのキャッシュ・フロー（CF）の状況についても見ていきましょう。先に挙げたB／Sによれば、楽天Gの現金及び現金同等物は4兆6,940億円計上されていますが、その多くはフィンテック事業のもので、モバイル事業やインターネットサービス事業といった非金融事業のキャッシュは決して多くありません。

　例えば、2022年12月期の決算説明会資料によれば、フィンテック事業に属する会社の現預金の金額は楽天銀行で3兆7,420億円、楽天カードで5,160億円、楽天証券で3,090億円などとなっています。その一方で、楽天G単体

の現預金は930億円で、楽天モバイルの現預金はほぼ計上されていない状況です。

フィンテック事業を営む会社の現預金は金融サービス提供に必要なものであるため、非金融事業で自由に使うことはできません。そこで、ここでは楽天Ｇのフィンテック事業を切り離した非金融事業のＣＦの推移を見ていくことにしましょう。

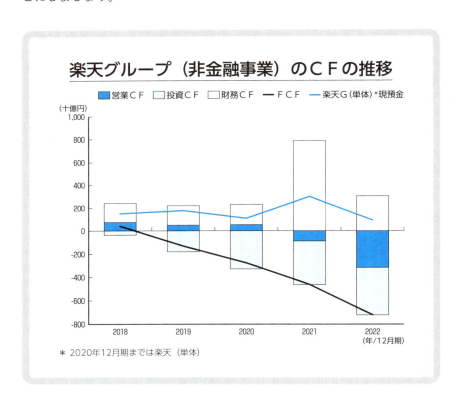

上の図は、楽天Ｇの非金融事業におけるＣＦの推移を2018年12月期から2022年12月期までまとめたものです。これによれば、**モバイル事業が携帯キャリアサービスに参入した2019年12月期以降、投資活動によるキャッシュ・フロー（投資ＣＦ）のマイナス幅が大きくなっています。携帯キャリアサービスに必要な基地局などへの投資が大きく増加したため**です。

また、営業活動によるキャッシュ・フロー（営業ＣＦ）も2021年12月期からマイナスに転じており、黒色の折れ線グラフで示したフリー・キャッシュ・フロー（ＦＣＦ＝営業ＣＦ＋投資ＣＦ）は、2022年12月期にはマイナス7,200億円に達しています。**ＦＣＦがマイナスであるということは、財務活動によるキャッシュ・フロー（財務ＣＦ）により資金の穴埋めをしない限り、保有する現預金が目減りしてしまう**ことを意味します。

　先にも述べたように、青色の折れ線グラフで示した楽天Ｇ単体の現預金は2022年12月期時点で930億円にとどまっていることから、この状況では新たな資金調達を行なわなければキャッシュが不足することになります。これが、楽天Ｇが増資や楽天銀行株の売却、西友株の売却といった矢継ぎ早の資金調達を行なってきたもう１つの理由であるといえます。

## ☑ 増資後に残された楽天Ｇの課題

　**楽天Ｇは増資によって得られた資金を、モバイル事業の運転資本や基地局などへの投資と、2023年に予定されている社債などの償還に必要な資金に充当するとしています。**直近に必要とされる資金需要に対する調達については、一息ついた格好です。

　しかしながら、楽天Ｇでは今後も社債の償還が続きます。2023年５月２日付日本経済新聞朝刊によれば、2024年には3,325億円、2025年には4,760億円、2026年には1,625億円、2027年には1,700億円の社債の償還が予定されているということです。

　そうした観点からすれば、赤字が続くモバイル事業を早期のうちに黒字化し、キャッシュを稼げる事業にできるかどうかが楽天Ｇの経営を復活させるうえでの鍵を握っているといえます。しかしながら、2023年12月期第１四半期決算においても、モバイル事業の営業損益はマイナス1,030億円となっており、黒字化には至っていない状況でした。

　加えて、格付機関であるＳ＆Ｐグローバル・レーティングは、楽天Ｇの長期発行体格付けを2021年７月に「ＢＢＢマイナス」から「ＢＢプラス」に、

2022年12月にはさらに「ＢＢ」へと引き下げてきました。**今後予定されている社債の償還に対し、借り換えなどによる資金調達を行なっていくうえでは、引き下げられた格付けを回復させなければ調達利率の上昇を招く**ことになります。こうした懸念への対策も必要であるといえるでしょう。

### ここが比較するポイント！

ここでは、楽天Ｇの決算書と自己資本比率について解説してきました。

2023年に入ってから、楽天Ｇが矢継ぎ早の増資や資産売却などを行なってきた背景には、自己資本比率の低下と大きなＦＣＦのマイナスがありました。

2021年12月期において増資などの資金調達を行なったにもかかわらず、利益剰余金の急減や金融事業の拡大に伴う総資産の膨張により、自己資本比率は大きく低下しました。2023年12月期の大規模な増資の目的の１つは、自己資本比率を引き上げることにありました。

また、モバイル事業に対する投資や営業ＣＦのマイナスにより、ＦＣＦも大きなマイナスになっていました。不足した資金を穴埋めするために、楽天Ｇでは増資や資産売却を急いでいたのです。

その後、Ｓ＆Ｐグローバル・レーティングでは、モバイル事業の赤字が縮小傾向にあり設備投資が削減されていること、2025年末までに償還期限が到来する社債の償還資金の調達に概ね目処がついたことなどを理由に、2024年５月29日付けで楽天Ｇの格付けのアウトルック（今後の見通し）を「ネガティブ」から「安定的」に変更しました。また、2024年12月期第３四半期におけるモバイル事業の営業損益はマイナス490億円と赤字幅が縮小し、連結での営業損益は黒字に転換しました。

楽天Ｇの業績は緩やかな回復基調にあるものの、今後もモバイル事業をはじめとした業績や企業としての安全性に注目していくことが必要な状況であるといえそうです。

## Chapter 4

### 4 日本唯一の海底資源掘削会社が倒産した理由
日本海洋掘削が創業50周年にハマった罠とは何だったのか？

ここでは、**日本海洋掘削**の事例を見てみましょう。高い技術を誇り旧東証一部に上場していた同社は、創業50年の節目である2018年6月に倒産してしまうことになります。

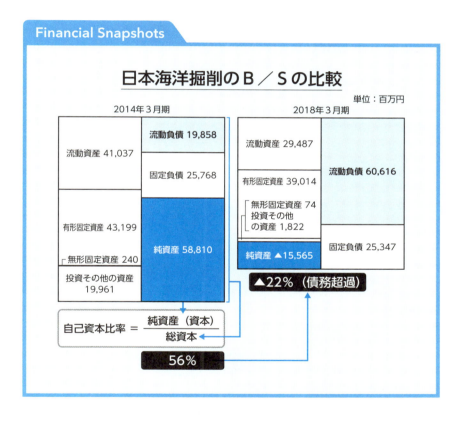

上図にあるように、同社の自己資本比率は2014年3月期には56％と十分な水準にありましたが、2018年3月期には**債務超過**（206ページ参照）に陥ってしまいました。その原因は何だったのでしょうか。そして、なぜ債務超過が倒産の引き金の1つになったのでしょうか。決算書から解説していきます。

## ☑ 日本海洋掘削の収益性が急降下した理由とは？

　日本海洋掘削は、石油や天然ガスの探鉱開発に関する掘削工事などを行なうことを事業目的として、1968年4月に設立された日本唯一の海底資源掘削会社です。

　2008年12月からは子会社の日本マントル・クエストを通じて海洋研究開発機構が保有する地球深部探査船「ちきゅう」の運用・管理業務を受託。2013年3月には「ちきゅう」を使って愛知・三重県沖の海底にあったメタンハイドレートからのガス産出に成功したことが注目を集めるなど、掘削の技術力には一定の評価がありました。

　2009年12月には東証一部に株式を上場した同社でしたが、冒頭でも触れたように、創業50周年を迎えたばかりの2018年6月22日に、会社更生法の適用を東京地裁に申請して倒産することとなります。日本海洋掘削が経営破綻した経緯と理由は、どのようなものだったのでしょうか。

　右ページの図は、2009年3月期から2018年3月期までの日本海洋掘削における連結売上高、営業損益、売上高営業利益率（＝営業損益÷売上高）の推移をまとめたものです。

　これによれば、2009年3月期から2014年3月期にかけて、売上高営業利益率は20％前後の水準を維持しており、高い収益性を誇っていました。**好業績の背景にあったのは世界的な原油高です。**新興国の需要を背景に原油市況が好調で、**海底資源開発に対するニーズが高止まりしていた**からです。

　2014年3月期の売上高は401億3,400万円、営業利益は99億1,100万円で、売上高営業利益率は25％という高水準です。有価証券報告書によれば、日本海洋掘削が保有する、「リグ」と呼ばれる海底掘削装置の同期における稼働率は97.0％と、ほぼフル稼働の状態でした。

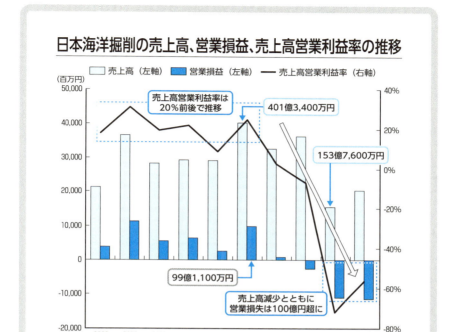

しかしながら、2014年半ば頃から原油価格が低下に転じると、状況は一変します。リグの稼働率は、2015年3月期には73.6％、2016年3月期には64.6％となり、2017年3月期には18.6％にまで低下します。倒産直前の2018年3月期にはやや回復したものの、33.3％という低水準でした。

また、需要の低下に伴って、リグの作業料金も低下しました。経営破綻時の社長であった市川祐一郎氏によれば、2014年秋と比較して作業料金は3分の1になってしまったといいます（2018年6月22日付日本経済新聞電子版）。

　**海洋掘削事業の売上高は、作業料金と稼働率によって大きく変動するのに対し、費用は売上高の増減に影響を受けにくい固定費型のコスト構造となっています。** そのため、作業料金や稼働率が高い状況では大きな利益を生み出

す一方で、作業料金や稼働率が低下すると大きな損失が発生します。いわゆるハイリスク・ハイリターン型の事業構造であるといえます。

そのため、営業利益は売上高の減少に伴って大きく低下しました。2016年3月期に営業赤字へと転落した後、2017年3月期、2018年3月期には100億円を超える営業損失を計上し、売上高営業利益率も2017年3月期にはマイナス72％、2018年3月期にはマイナス56％という大赤字となったのです。

## ☑ 好況時に決めた積極投資が特別損失計上の原因に

さらに、日本海洋掘削の当期純損益、純資産、自己資本比率（＝純資産÷総資本）の推移についても見ていきましょう（下図参照）。

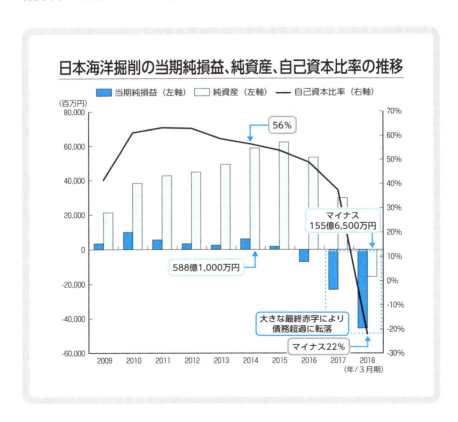

これによれば、当期純損益も2016年３月期に赤字に転落して以降、2017年３月期にはマイナス230億5,300万円、2018年３月期にはマイナス454億5,900万円の損失を計上。３期連続の最終赤字となりました。

　営業損失と比べて当期純損失の金額が大きくなった主な要因は、特別損失を計上したことにあります。2017年３月期には**事業環境の悪化に伴ってリグの収益性が著しく低下したことにより、減損損失を109億400万円計上し**ました。

　また、2018年３月期には減損損失151億8,900万円に加えて、「建造プロジェクト損失引当金繰入額」を171億100万円計上したことで、特別損失の金額は324億6,900万円にまで膨らみました。2018年３月期における特別損失の金額がここまで大きくなった背景には、2014年10月に行なわれた、ある経営上の意思決定がありました。

　それは、老朽化したリグに代わる新造リグの「HAKURYU-14」と「HAKURYU-15」を建造するというものでした。2014年当時は原油市況も好況で、海底油田などの開発に対する需要は旺盛でした。こうした状況が続いていれば、新たなリグは収益源になり得たでしょう。しかし、先に述べたように、その後、原油価格は低迷し、リグの稼働率や作業料金は大きく低下しました。その結果、新造リグによる収益が見込めなくなったことが、大きな特別損失（上記の建造プロジェクト損失引当金繰入額など）を計上する原因となりました。

　その結果、冒頭でも触れたように、2014年３月期には純資産が588億1,000万円、自己資本比率が56％であったのに対し、2018年３月期には純資産がマイナス155億6,500万円、自己資本比率はマイナス22％となり、債務超過に転落してしまったのです。

## ☑ ＦＣＦと財務ＣＦのマイナスで現金残高も大きく減少

　キャッシュ・フロー（ＣＦ）とキャッシュの推移も見てみましょう。

下の図は、2009年3月期から2018年3月期までの営業活動によるキャッシュ・フロー（営業ＣＦ）、投資活動によるキャッシュ・フロー（投資ＣＦ）、財務活動によるキャッシュ・フロー（財務ＣＦ）と、現金及び現金同等物の期末残高（現金残高）をまとめたものです。

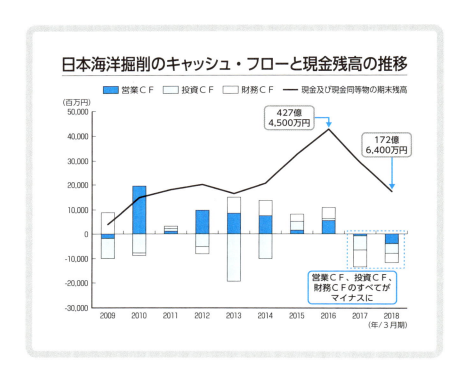

　これによれば、本業の低迷に伴い営業ＣＦが減少し、2017年3月期以降はマイナスに転じています。

　また、投資ＣＦも2017年3月期、2018年3月期ともにマイナスです。これには、先に述べた新造リグが関係しています。もともと、HAKURYU-14とHAKURYU-15については、自社で保有するのではなく、三菱ＵＦＪフィナンシャルグループに属する東銀リースとの間でリースを組んで運用する予定でしたが、需要の低迷により掘削契約を獲得できず、引き渡しの期限である2018年1月末になっても、HAKURYU-14のリースを組むことができませんでした。

そして、リースの組成ができなくなった場合には日本海洋掘削がリグを買い取るという契約となっていたため、2018年1月にその1回目の支払いを行なったのです。有価証券報告書によれば、1回目の支払金額合計は100億円で、うち40億円は東銀リース発行の有価証券と相殺し、残りの60億円を自己資金で支払っています。

　こうした状況を受けて、2018年3月期第3四半期報告書では、「継続企業の前提に関する事項の注記」（GC注記）が付されることとなりました。**GC注記が付くということは、今後の事業活動の継続が困難になる可能性が高く、通常よりも倒産リスクがかなり高いことを意味します。**

　営業CF、投資CFともにマイナスとなったため、両者の合計であるフリー・キャッシュ・フロー（FCF）は2期連続の赤字となりました。FCFが赤字であるということは、その分を財務CFで穴埋めしなければ、現金残高が目減りしてしまうことを意味します。

　しかしながら、財務CFも2017年3月期、2018年3月期ともにマイナスでした。FCFがマイナスで資金繰りが厳しい状況になっているにもかかわらず、なぜ財務CFがマイナスだったのでしょうか。

　CF計算書を見てみると、この財務CFがマイナスとなった主な要因は、長期借入金などの返済であることがわかります。

　2018年3月期の有価証券報告書のGC注記には、同社の借り入れ契約やリース契約の中には、財務制限条項が付けられているものがあり、その条件は株主資本の合計を150億円以上に維持することだと記載されています。

　財務制限条項とは、借り入れ契約等を結ぶにあたって、決められた財務的な基準を下回った場合には金融機関等に対して即座に借入金の返済を行なわなければならない、などと定めた条件のことです。

　そして、先に述べたように、2018年3月期において日本海洋掘削は債務超過に陥っていましたから、この財務制限条項に抵触していました。そのた

め、**資金繰り的には厳しい状況であるにもかかわらず、借入金の返済も行なわなければならない状況に追い込まれていた**と推測されます。**債務超過が資金不足に拍車をかけることになっていた**わけです。ここで、債務超過とは、B／Sの資産より負債のほうが多い状態、すなわち純資産がマイナスとなっている状態を意味します。

こうした状況の結果、2016年3月期に427億4,500万円あった現金残高は、2018年3月期には172億6,400万円にまで減少していました。

それでは、最終的に日本海洋掘削が倒産する決め手となったのは何だったのでしょうか。

### ☑ HAKURYU-14の支払期限を前に資金繰りが困窮

以下の図は、日本海洋掘削の倒産直前の決算期である2018年3月期のB／SとP／Lを図解したものです。

右側のＰ／Ｌからは、**売上高が低迷する中、事業環境悪化に伴う減損損失やHAKURYU-15に関する建造プロジェクト損失引当金繰入額を特別損失に計上したことに加え、HAKURYU-12のリース契約損失引当金繰入額を売上原価に計上したことで、大幅な赤字決算になっている**ことが読み取れます。

　その赤字の結果として、Ｂ／Ｓでは純資産がマイナスとなり、債務超過に転落しています。この債務超過により、先に述べたように借り入れ契約などの財務制限条項に抵触した結果、2018年7月20日までに借入金などを即時返済しなければならない可能性が高くなっていました。2018年3月期における有価証券報告書のＧＣ注記によれば、財務制限条項の対象となっている借入金などの残高は270億円とされており、自己資金のみによる返済は困難であると記載されています。

　加えて、HAKURYU-14の買い取りに伴う支払いが、さらに資金繰りを困難なものにしていました。Ｂ／Ｓの左側（資産サイド）の有形固定資産は390億1,400万円で、2017年3月期の291億2,100万円から増加していますが、これはHAKURYU-14の買い取りによるものです。

　Ｂ／Ｓにおける右側（負債・純資産サイド）の流動資産には未払金が182億2,000万円計上されており、そのほとんどがHAKURYU-14の割賦未払金（179億9,300万円）でした。この未払金の支払期限が2018年7月31日に迫っていたことに加え、もう1つの新造リグであるHAKURYU-15についても、2019年1月末までにリースを組成できなければHAKURYU-14と同様に東銀リースから買い取らなければならない状況に陥っていました。

　そして、最終的には石油資源開発や三菱マテリアルといった大株主からの支援も得ることができない中で日本海洋掘削は資金繰りに行き詰まり、株主総会を目前にした2018年6月22日に会社更生法の適用を申請して倒産したのです。

　当時の社長であった市川氏は、破綻の理由として「予想を超えた海洋掘削市況の長期低迷」を挙げています（2018年6月25日付日本経済新聞電子版）。新造リグへの投資を決めた直後の2015年1月の年頭挨拶の中で、市川氏は

207

原油相場下落を受けて「この1〜2年は当社も辛抱が必要だと考えている」（週刊東洋経済、2015年2月7日号）と述べていましたが、その後の海洋掘削市況は想定よりも長期にわたって低迷することとなりました。

　もともと**ハイリスク・ハイリターンの事業構造であった海底資源掘削事業において、市況のリスクを読み誤って新造リグへの大きな投資に踏み切ってしまったことが、日本海洋掘削が倒産した原因である**といえそうです。

### ここが比較するポイント！

ここでは、日本海洋掘削の事例を取り上げました。

　業績好調だった2014年に意思決定された新造リグへの投資と、長引く海洋掘削市況の低迷が倒産に至るそもそもの原因でした。加えて、業績が悪化したことで債務超過に陥った（自己資本比率がマイナスとなった）ために、借り入れ契約などの財務制限条項に抵触してしまったことが、資金繰りをより一層苦しいものにしてしまいました。

　財務制限条項の代表的なものとしては、純資産維持条項（純資産を一定額以上に維持すること）や自己資本比率維持条項（自己資本比率を一定以上に維持すること）、利益維持条項（一定の利益水準以上を維持すること）などがありますが、特に純資産維持条項や自己資本比率維持条項を付した資金調達を行なっている企業においては、純資産の金額や自己資本比率を注意して見ていく必要があります。

# Chapter 5

# 効率性・成長性指標と決算書

### 決算書＆指標を「図解×比較」した事例企業

三菱地所 VS 東急不動産HD……211

早稲田アカデミー VS 東京個別指導学院……220

味の素 VS ネスレ……231

野村総研 VS インターネットイニシアティブ VS 富士通……245

ヤマトHD VS SGHD……260

ヤマトHD 2013年3月期 VS 2023年3月期……264

SGHD 2013年3月期 VS 2023年3月期……265

# Chapter 5

## 1 総資産回転率で企業全体の効率性を見る
三菱地所と東急不動産の明暗がコロナ禍で分かれた事情は何か?

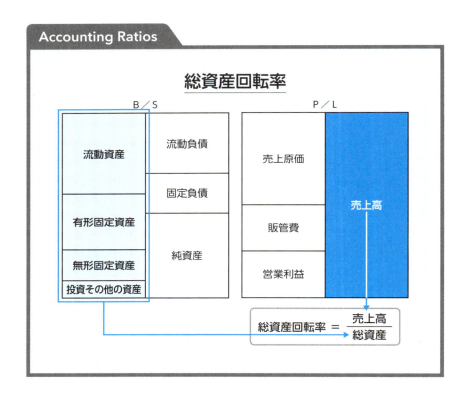

### 指標のトリセツ

**総資産回転率**は、**企業が保有している総資産を効率よく使って売上高を上げることができているかどうかを見る指標**です。**一般に、総資産回転率の目安は1回程度**ともいわれますが、業種によって大きく異なります。

総資産回転率の分母は総資産ですが、分母に総資本(負債・純資産合計)を使用しても計算結果は同じになります。B／Sの左側と右側の合計金額は一致するためです。

## ☑ コロナ禍を経て業績好調の不動産業界

　ここでは、コロナ禍を経て業績好調の大手不動産会社の決算書を取り上げます。2023年3月期の**三菱地所**の営業利益は2,970億円、**東急不動産ホールディングス**（以下、東急不動産ＨＤ）は1,100億円と、過去最高益を記録しました。その他にも、三井不動産では3,050億円、住友不動産では2,410億円の営業利益を計上し、こちらも過去最高益を更新しています。もともと**業績が堅調なオフィスビル事業に加えて、コロナ禍からの回復が見られるホテルや商業施設事業が、この好業績に貢献している**とみられます。

　ただ、一口に不動産会社といっても、その事業構造は一様ではありません。そこで、三菱地所と東急不動産ＨＤの決算書と、会社全体の資産効率を表す指標とされる総資産回転率を取り上げて、不動産会社の決算書に見られる特徴と、両社のビジネスモデルの違いについて解説していきましょう。

**Financial Snapshots**

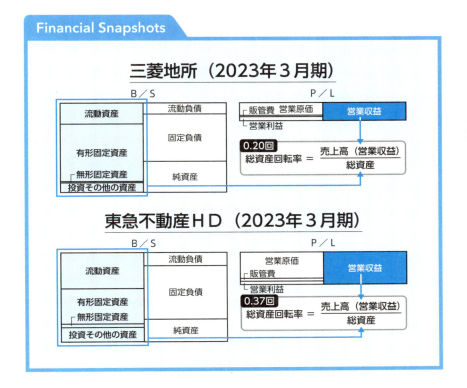

また、**東急不動産ＨＤは、近年になって太陽光発電や風力発電など、再生可能エネルギー**施設に対して積極的な投資を行なっています。なぜ、同社はこうした再生可能エネルギーに対して大規模な投資を行なっているのか、その背景についても併せて探っていくことにしましょう。

## ☑ Ｂ／Ｓが相対的に大きい三菱地所の決算書

　以下の図は、2023年３月期における三菱地所のＢ／ＳとＰ／Ｌをそれぞれ比例縮尺図に図解したものです。

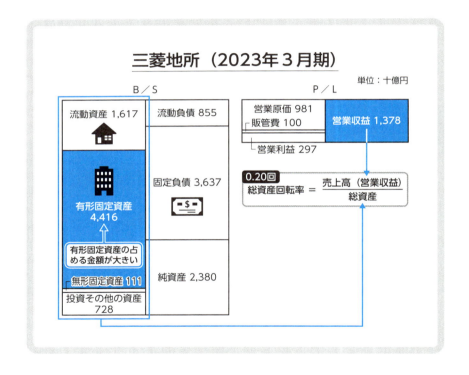

　Ｂ／Ｓの左側（資産サイド）で最大の金額を占めているのが、有形固定資産（４兆4,160億円）です。三菱地所は、丸の内ビルディング（丸ビル）や大手町ビルに代表されるような一等地の賃貸用不動産を多く保有しています。こうした賃貸用不動産が、有形固定資産に計上されているために、金額が大きくなっています。

それに次いで大きいのは流動資産で、１兆6,170億円が計上されています。この中で最大の金額となっているのは、「エクイティ出資」（7,160億円）です。有価証券報告書によれば、これは「主に資産流動化法に基づく特定目的会社に対する優先出資、不動産投資信託の投資口に対する出資及び特別目的会社に対する匿名組合出資等」であるとされており、特定目的会社や不動産投資信託（ＲＥＩＴ）を通じた投資であることがわかります。

　また、流動資産には販売用の不動産（販売用不動産、仕掛販売用不動産、開発用不動産）が合計で4,870億円計上されています。

　Ｂ／Ｓの右側（負債・純資産サイド）においては、流動負債が8,550億円、固定負債が３兆6,370億円となっており、有利子負債（借入金や社債）が合計で２兆8,700億円計上されています。

　不動産業では、販売用不動産の仕入れや賃貸用不動産への投資などに多額の資金が必要とされますが、そうした資金を有利子負債も利用して調達している状況がうかがえます。純資産は２兆3,800億円で、自己資本比率（＝純資産÷総資本）は35％です。

　Ｐ／Ｌでは、営業収益（売上高に相当）が１兆3,780億円であるのに対し、営業原価（売上原価に相当）が9,810億円（原価率は71％）、販管費が1,000億円（販管費率は７％）となっており、営業利益は2,970億円計上されています。売上高営業利益率（＝営業利益÷営業収益）は22％と高い水準を達成しています。

　**三菱地所の決算書の特徴の１つは、Ｐ／Ｌに比べてＢ／Ｓの規模がかなり大きな点にあります。**これは、Ｂ／Ｓに多額の有形固定資産が計上されていることが主な原因です。その結果、資産の運用効率を示す総資産回転率（＝営業収益÷総資産）は0.20回と低くなっています。

　**上場企業全体の総資産回転率の平均値が0.7〜0.8回程度**であるのに対し、**不動産業では0.3〜0.4回程度**と低くなっています。賃貸用不動産や販売用不動産がＢ／Ｓに占める金額が大きくなるためです。その中でも、**不動産賃貸**

事業の占めるウエートが高い三菱地所の総資産回転率は低くなっているといえます。

## ☑ なぜ東急不動産の総資産回転率は高いのか？

続いて、東急不動産ＨＤの決算書も見ていきましょう。以下の図は、2023年３月期における東急不動産ＨＤのＢ／ＳとＰ／Ｌを図解したものです。

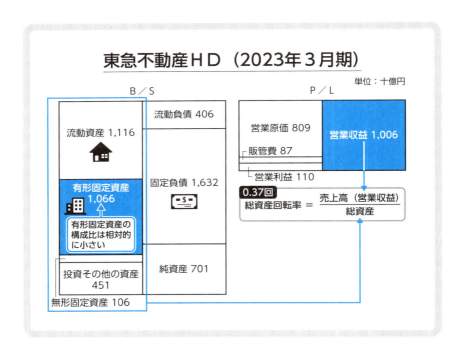

三菱地所に比べると、Ｂ／Ｓの左側における流動資産（１兆1,160億円）の構成比が高く、有形固定資産（１兆660億円）の構成比が低くなっていることがわかります。

流動資産の大半は販売用の不動産（販売用不動産、仕掛販売用不動産）で、7,920億円計上されています。有形固定資産に計上されているのは、東急不動産ＨＤの中核エリアである渋谷を中心とした賃貸用不動産などです。**三菱地所に比べて、不動産の販売事業の占めるウエートが大きいことが東急不動**

産ＨＤの資産の持ち方に表れています。

　Ｂ／Ｓの右側を見てみると、流動負債が4,060億円、固定負債が１兆6,320億円計上され、そのうち有利子負債が合計で１兆4,830億円含まれています。純資産は7,010億円で、自己資本比率は26％となっており、三菱地所に比べるとやや低い水準です。

　Ｐ／Ｌでは、営業収益が１兆60億円であるのに対し、営業原価は8,090億円（原価率は80％）、販管費は870億円（販管費率は９％）で、営業利益は1,100億円となっています。売上高営業利益率は11％です。

　**東急不動産ＨＤの総資産回転率は0.37回で、三菱地所よりも高い水準です。三菱地所に比べて東急不動産ＨＤにおける不動産賃貸事業のウエートが低い**ためです。

　資産における有形固定資産の金額が相対的に小さいため、**東急不動産ＨＤでは、三菱地所に比べてＰ／ＬとＢ／Ｓの規模の差が小さくなっています。**そのことが、総資産回転率の違いに結びついています。

## ☑ 総資産回転率の推移に表れる業績の安定度

　続いて、総資産回転率の推移を見てみましょう。

　次ページのグラフは、2014年３月期から2023年３月期までの三菱地所と東急不動産ＨＤの総資産回転率をまとめたものです。

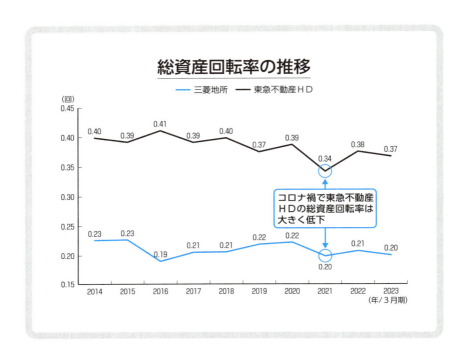

　これによれば、東急不動産ＨＤの総資産回転率は概ね0.40回前後で推移していましたが、2021年3月期には0.34回に低下したことがわかります。

　これは、オフィスの賃貸などを手掛ける都市事業やマンションなどの販売を行なう住宅事業の売上高が堅調だったのに対し、リゾート事業などを担当するウェルネス事業や東急ハンズを運営するハンズ事業の売上高が、新型コロナウイルス感染症拡大の影響を受けて大きく落ち込んだためです。営業収益は2020年3月期の9,630億円から2021年3月期の9,080億円に、営業利益は790億円から570億円へと減少しました。売上高営業利益率は8％から6％へと低下しています。

　一方の三菱地所は、商業施設やホテルなどでコロナ禍の影響を受けたものの、主力であるオフィス賃貸事業の業績が堅調だったこともあって、2021年3月期の総資産回転率は0.20回と、2020年3月期の0.22回から小幅の低下に抑えることができています。営業収益は2020年3月期の1兆3,020億円から2021年3月期の1兆2,080億円に、営業利益は2,410億円から2,240億円

にそれぞれ減少していますが、売上高営業利益率は18.5％から18.6％へとわずかに上昇しています。

　**コロナ禍などの外部環境に業績を左右されやすいホテル事業や商業施設事業に対し、不動産賃貸事業は比較的安定した売上高や利益を期待できます。**2023年３月期の営業利益に占める不動産賃貸事業の割合は、三菱地所が50％を超えるのに対し、東急不動産ＨＤは20％程度にとどまります。こうした事業構造の差が、総資産回転率の推移にも表れた格好です。

　一般的には、総資産回転率が高いほうが資産効率は高いといわれますが、実際の分析はそう単純にはいきません。それぞれの**ビジネスモデルが、総資産回転率にどう結びついているかを読み解くことが重要**です。

## ☑ 東急不動産ＨＤが再生可能エネルギーと都市開発に投資する理由

　本セクションの冒頭で、東急不動産ＨＤが再生可能エネルギー事業に積極的な投資を行なってきたことに触れました。**収益基盤が不安定であるという事業構造上の問題こそが、同社がこうした投資を進める理由**だといえます。

　不動産賃貸事業における資産内容が見劣りする分を、安定的な収益が見込まれる再生可能エネルギー施設で補おうとしてきたわけです。2014年に同事業に参入して以来、買収や出資を行なってきた結果、その発電能力は今や原発１基分に匹敵しています（2023年７月４日付日本経済新聞朝刊）。

　さらに、東急不動産ＨＤの2026年３月期に向けた「中期経営計画2025」によれば、**都市開発や、再生可能エネルギーに代表される戦略投資などに対して、2023年３月期から2026年３月期にかけて２兆2,000億円を投資する**としています。オフィスや商業施設などの関与延床面積を2022年３月期の49.1万坪から2026年３月期の53.0万坪に、同期間の再生可能エネルギーの定格容量（持分換算前）を1.3GW（ギガワット）から2.1GWに拡大する計画です。

　これらは、安定的な収益や利益を上げられるようにするための取り組みで

あるといえます。また、東急不動産ＨＤではハンズ事業をベイシアグループに売却するなどの事業構造改革も進めてきています。

一方で、先に述べたように自己資本比率においては三菱地所の水準に見劣りするなど、東急不動産ＨＤの財務的な状況には不安が残ります。こうした中で、いかに営業キャッシュ・フローを効率的に稼ぎ出し、財務負担を最小限に抑えながら事業構造を転換していけるかが問われています。

また、再生可能エネルギー事業についても、これまでの**電力を固定価格で買い取るＦＩＴ制度**から、**市場価格にプレミアム（補助金）を上乗せするＦＩＰ制度**に移行するなど、**大きく事業環境が変化する局面にあります**。こうした変化に的確に対応できるかも、今後の業績を左右することになりそうです。

### ここが比較するポイント！

ここでは、三菱地所と東急不動産ＨＤの決算書と総資産回転率を比較してきました。

多くの賃貸用不動産を抱える三菱地所では有形固定資産が大きく総資産回転率が不動産業平均より低くなっている一方で、不動産賃貸事業のウエートが相対的に低い東急不動産ＨＤでは有形固定資産が小さく総資産回転率が高くなっていました。

一般的には総資産回転率が高いほうが資産の運用効率が高いといわれますが、実際にはそう単純ではありません。良質な賃貸不動産を持つ三菱地所では、コロナ禍においても安定的な業績を上げることができていました。

総資産回転率の差がどのようなビジネスモデルの違いによるものなのか、見極めることが重要です。

# Chapter 5

## 2 | 有形固定資産回転率で有形固定資産の使い方を分析する
### 早稲田アカデミーと東京個別指導学院の事業構造の違いとは？

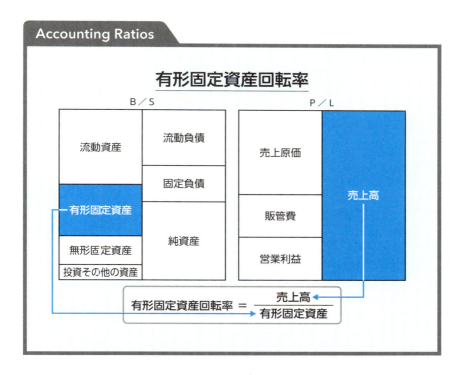

 指標のトリセツ

**有形固定資産回転率は、企業が長期間保有する有形固定資産をいかに効率的に使って売上高を生み出しているのかを見る指標**です。一般的には、有形固定資産回転率が高いほど有形固定資産を効率的に使えているということになりますが、大きな設備投資を行なった場合などには一時的に低下することもあり、数値が変化した原因を把握することが重要です。

分母の有形固定資産の代わりに固定資産を入れた「固定資産回転率」も指標として用いられることがあります。

## ☑ 増収増益の早稲田アカデミーと減収減益の東京個別指導学院

　学習塾や予備校などの教育産業の市場動向は堅調に推移しています。経済産業省の「特定サービス産業動態統計調査」によれば、学習塾の売上高は2021年の5,517億円から、2022年の5,568億円、2023年の5,813億円と順調な伸びを見せています。

　ここでは、堅調な需要が見込まれる教育産業の中から、大手学習塾である**早稲田アカデミー**と、個別指導に特色のある**東京個別指導学院**を取り上げます。下図に示すように、両社の有形固定資産回転率には大きな差がありますが、ビジネスモデルの違いを決算書からどう読み解けば良いのでしょうか。

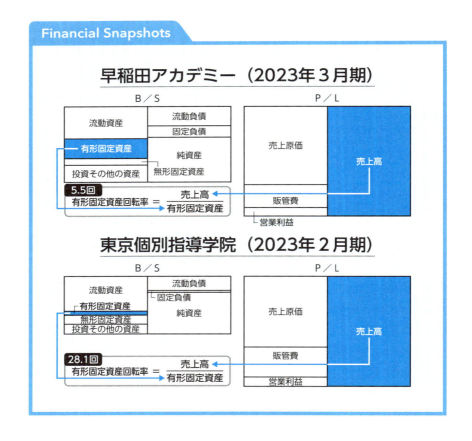

また、早稲田アカデミーの2023年3月期の決算は増収増益だったのに対し、東京個別指導学院の2023年2月期の決算は減収減益となり、直近の業績では明暗が分かれています。その理由は何だったのでしょうか。

こうした点に着目しながら、両社の決算書を比較していくことにしましょう。

## ☑ 早稲田アカデミーの決算書にはどんな特徴があるのか？

早稲田アカデミーの決算書から見ていきましょう。以下の図は、早稲田アカデミーの2023年3月期の決算書を比例縮尺図に図解したものです。

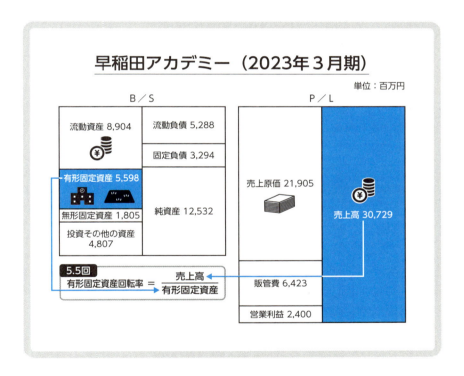

B／Sから読み解いていきます。B／Sの左側（資産サイド）で最大の金額を計上しているのは、流動資産（89億400万円）です。その流動資産の7割を占めているのは、現預金（63億600万円）となっています。

次いで金額が大きいのは有形固定資産（55億9,800万円）です。早稲田アカデミーは首都圏に多くの校舎を抱えることから、そうした校舎の建物や土地が有形固定資産として計上されています。

　会社が保有する有形固定資産がどれだけ有効に活用されているかを測る経営指標として、有形固定資産回転率（＝売上高÷有形固定資産）があります。これは、売上高が有形固定資産の何倍あるのかを見る指標で、**一般的には、この有形固定資産回転率の値が高いほど有形固定資産が有効に活用されている**といわれます。

　早稲田アカデミーの有形固定資産回転率を計算してみると、5.5回となっています。東京個別指導学院と比較した際に、この指標の数値がビジネスモデルの違いとどのように結びついているのかについては、後ほど解説することにしましょう。

　有形固定資産の次に大きいのは、投資その他の資産（48億700万円）です。この65％を占めているのは**差入保証金**（31億1,000万円）であり、校舎を賃借するにあたって差し入れている保証金であることがわかります。

　なお、無形固定資産が18億500万円計上されていますが、この大半は2018年に千葉県で進学塾事業を運営する集学舎を買収した際などに生じたのれん（11億1,400万円）です。

　Ｂ／Ｓの右側（負債・純資産サイド）には、流動負債が52億8,800万円、固定負債が32億9,400万円計上されていますが、いずれにもわずかなリース負債が計上されている以外には借入金や社債といった有利子負債は計上されていません。**早稲田アカデミーは実質無借金経営を行なっている**といえます。

　純資産の金額は125億3,200万円で、自己資本比率（＝純資産÷総資本）は59％という水準です。

　続いて、Ｐ／Ｌについても見ていきましょう。売上高が307億2,900万円であるのに対し、売上原価は219億500万円（原価率は71％）、販管費は64

億2,300万円（販管費率は21％）です。その結果、営業利益は24億円計上されており、売上高営業利益率（＝営業利益÷売上高）は8％となっています。

## ☑ 両社の有形固定資産回転率に大差がついた理由

続いて、東京個別指導学院の決算書も見てみましょう。以下の図は、東京個別指導学院の2023年2月期の決算書を図解したものです。

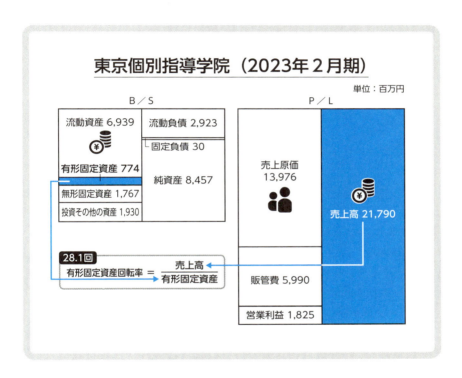

東京個別指導学院のＢ／Ｓの左側において最も大きな金額が計上されているのは流動資産（69億3,900万円）ですが、その9割近くを占めているのは現預金（60億7,000万円）です。

その一方で、早稲田アカデミーでは大きな割合を占めていた有形固定資産は、わずか7億7,400万円しか計上されていません。

早稲田アカデミーと同様に東京個別指導学院の有形固定資産回転率を計算してみると、28.1回となります。売上高との対比で見ても、東京個別指導学院の有形固定資産の金額は早稲田アカデミーに比べてかなり小さくなっています。その理由は何でしょうか。

　**早稲田アカデミーでは、西日暮里校や御茶ノ水校など、都内に大規模校舎を保有しています。そのため、有形固定資産の規模が大きくなりやすい**のです。

　その一方で、**東京個別指導学院が展開しているのは小規模の個別指導塾であり、その多くの教室の物件は賃借によるもの**です。

　そのため、早稲田アカデミーに比べて東京個別指導学院の有形固定資産は相対的に小さくなっています。そのビジネスモデルの違いが、有形固定資産回転率の数値の差となって表れているのです。

　なお、無形固定資産が17億6,700万円計上されていますが、この8割以上はソフトウェア（14億6,700万円）で占められています。東京個別指導学院では、「**人にしかできないこと以外をシステム化する**」という方針のもと、**コロナ禍以降、ＤＸ（デジタルトランスフォーメーション）を積極的に推し進めてきました。**それに伴って、ソフトウェアの計上額が急速に増加してきた結果が表れています。

　Ｂ／Ｓの右側を見てみると、流動負債は29億2,300万円計上されていますが、固定負債は3,000万円にすぎません。加えて、流動負債と固定負債の双方ともに社債や借入金といった有利子負債は計上されていません。**東京個別指導学院は典型的な無借金経営を行なっている**といえます。純資産は84億5,700万円で、自己資本比率は74％と高水準です。

　Ｐ／Ｌでは、売上高が217億9,000万円であるのに対し、売上原価が139億7,600万円（原価率は64％）、販管費は59億9,000万円（販管費率は27％）となっています。営業利益は18億2,500万円であり、売上高営業利益率は8％で早稲田アカデミーとほぼ同等です。

両社のコスト構造を見ると、**早稲田アカデミーに比べて東京個別指導学院の原価率は低く（早稲田アカデミーが71％なのに対し東京個別指導学院は64％）、販管費率は高く（同21％に対し27％）なっている**ことがわかります。

　販管費の主な内訳を見ると、売上高広告宣伝費率（売上高に対する広告宣伝費の比率）が早稲田アカデミーでは4％であるのに対し、東京個別指導学院では10％となっています。

　こうした**広告宣伝費の水準の差などが、販管費率の違いに結びついている**といえそうです。

## ☑ 人件費と教材費に表れたビジネスモデルの差

　では、原価率の差を生み出しているのは何でしょうか。

　グループ全体の業績を表す連結ベースでの売上原価の明細は公開されていませんが、親会社のみの個別ベースの決算書であれば、両社ともに売上原価明細を開示しています。

　また、どちらも連結と個別の決算書の差は大きくありません。そこで、ここでは個別の売上原価の明細から両社の原価構造の違いを見てみましょう。

　次ページの図は、早稲田アカデミーと東京個別指導学院の原価構造を示したものです。図中のパーセンテージは、売上高に対する各費目の比率を示しています。

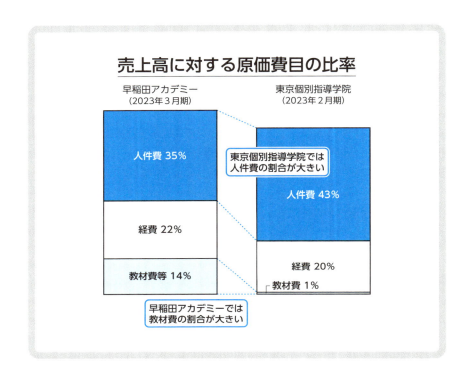

　これを見ると、両社とも人件費の比率が最も大きく、特に**少人数での個別指導を行なっている東京個別指導学院では43％となっており、早稲田アカデミーの35％に比べて高い水準です。**東京個別指導学院の講師は人件費単価が相対的に低い大学生が中心ですが、それでも十数人の教室で指導を行なう早稲田アカデミーに比べると講師人件費の占める割合が高いことがわかります。

　その一方で、**早稲田アカデミーでは、教材費の比率が高くなっています。**早稲田アカデミーでは売上高の14％が教材費等に充てられているのに対し、東京個別指導学院では１％にすぎません。

　**早稲田アカデミーに代表される大手の学習塾の強みは、教材やテストが充実し、合格力を高めるために効果的なカリキュラムが準備されていることにある**とされます（2023年６月13日付日本経済新聞夕刊）。こうした大手学習塾のビジネスモデルが、売上原価の構造にも反映されているといえます。

## ☑ 業績に明暗が分かれた背景にある生徒構成の違い

冒頭でも触れたように、早稲田アカデミーの2023年3月期決算は増収増益だった一方、東京個別指導学院の2023年2月期決算は減収減益となりました。両社の業績に明暗が分かれた理由は、どこにあったのでしょうか。

それを読み解く鍵は、両社に在籍する生徒の構成の違いにあります。下図は、早稲田アカデミーの所属別生徒数の推移をまとめたものです。

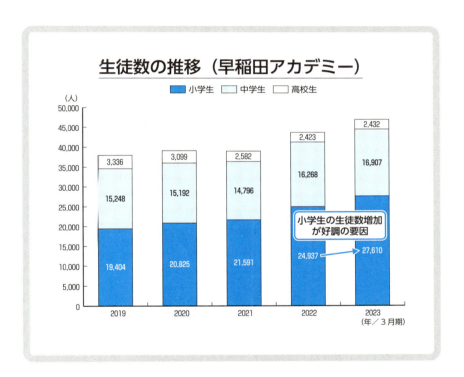

この図によれば、**早稲田アカデミーにおける在籍生徒の中心となっているのは、中学受験を希望する小学生である**ことがわかります。そして、**近年の中学受験熱の高まりもあって、早稲田アカデミーに在籍する小学生数は増加傾向が続いています**。こうした状況が、早稲田アカデミーの増収増益を支えているのです。

　一方で、東京個別指導学院の置かれている状況は対照的です。**東京個別指導学院の主力は在籍生徒数のほぼ半数を占める高校生部門**ですが、18歳人口の減少もあって、大学入試では「年内入試」とも呼ばれる推薦入試などの比重が高まっています。

　このような状況から、東京個別指導学院に所属する高校生数は2022年2月期の1万7,109人から2023年2月期の1万6,189人へと減少しました。**在籍する高校生数の減少が、東京個別指導学院の減収減益につながった**のです。

　**今後も18歳人口の減少が予想されている以上、大学入試の中心が一般選抜試験に戻っていく流れは想定しにくい**状況にあります。そのため、東京個別指導学院としては大学入試対策以外の収益源をいかにして開拓していくかが経営上の課題になっています。

　その一方で、中学受験熱の高まりから業績好調な早稲田アカデミーですが、

今後はSAPIXなど同業他社との競争が激化していくことが予想されます。そうした中で、いかにして合格実績を上げ、多くの生徒を獲得できるかが今後の業績の動向を左右するといえそうです。

## ここが比較するポイント！

　このセクションでは、学習塾業界の中から、中学受験を主体とした早稲田アカデミーと、大学受験向けの個別指導に特色のある東京個別指導学院を取り上げました。

　都内に大規模校舎を保有する早稲田アカデミーと、小規模な教室主体で、しかも多くを賃借する東京個別指導学院との間では、有形固定資産回転率の数値に大きな差がありました。有形固定資産回転率の差を見る場合にも、単に数値の高低で効率性の違いを論じるのではなく、ビジネスモデルの違いに留意する必要があります。

　また、両社のビジネスモデルの差は原価の構造にも反映されていました。

　業績に明暗が分かれた点については、両社のターゲットの違いが影響していました。中学受験市場が拡大する早稲田アカデミーでは増収増益であったのに対し、市場が縮小する大学受験市場を主戦場とする東京個別指導学院では減収減益となっていたのです。

## Chapter 5

### 3  CCC、回転期間とキャッシュ・フロー経営の関係性
味の素とネスレ、なぜ資金繰りに大差が生まれているのか？

**Accounting Ratios**

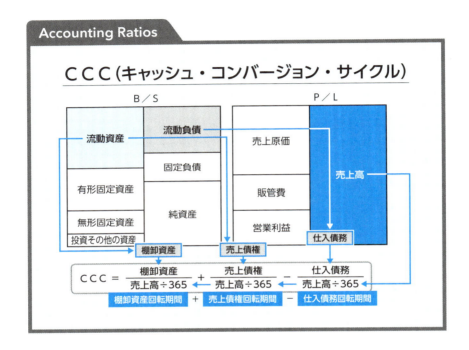

### 📖 指標のトリセツ

**CCC（キャッシュ・コンバージョン・サイクル）は、企業が事業を行なううえで必要な原材料や商品の仕入れに対して現金を支払ってから、販売した商品やサービスの代金を回収するまでの期間を示す指標**です。CCCを短縮することで、棚卸資産や売上債権として寝ている現金を早期に回収することにつながるため、キャッシュ・フローに余裕が生まれます。

「CCC＝棚卸資産回転期間＋売上債権回転期間－仕入債務回転期間」という計算式で表されるため、3つの回転期間指標に分解してCCCを分析する方法が有効です。

## ☑ 味の素とネスレのCCCに大差が生まれた理由とは？

　グローバルな食品メーカーである**味の素**と**ネスレ**の決算書とCCCから、両社の違いについて見ていきましょう。

　味の素はアミノ酸における世界のトップメーカーであり、「味の素」に代表される調味料や加工食品や冷凍食品、ヘルスケア事業などを手掛けています。味の素の2024年3月期連結決算では、売上高が1兆4,390億円、営業利益は1,470億円と前期比増収減益となりました。

**Financial Snapshots**

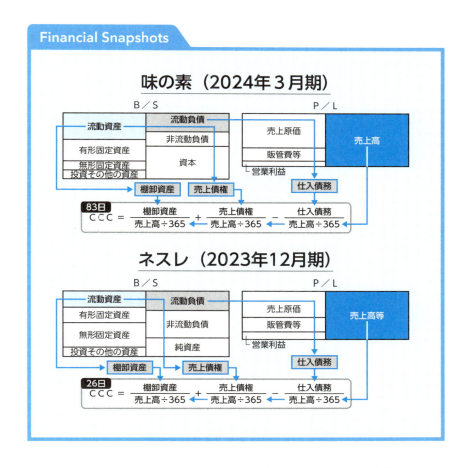

　ネスレはスイスに本社を置く世界最大の食品メーカーです。事業領域はキ

ットカットなどの菓子・食品、ネスカフェブランドなどで展開する飲料、ピュリナなどのペットフード事業をはじめ、ベビーフードや冷凍食品など多岐にわたります。ネスレの2023年12月期連結決算では、売上高（その他の収益を含む）が933億5,100万スイスフラン（1スイスフラン〔以下、ＣＨＦ〕168円換算で15兆6,830億円）、営業利益が140億6,300万ＣＨＦ（同2兆3,630億円）で前期比減収増益でした。

　日本の食品メーカーとしてはトップクラスの味の素ですが、グローバルトップメーカーであるネスレと比較すると売上高では10倍以上、営業利益では15倍以上の開きがあります。まさに、**味の素とネスレとは桁違いの規模の差がある**といえます。

　しかしながら、両社の違いはその規模だけではありません。前ページの図で示したように、**ＣＣＣ（キャッシュ・コンバージョン・サイクル）にも大きな差があります。** ここでは、決算書とＣＣＣに着目して、両社の経営上の特徴、そして味の素が抱える経営課題を解説していくことにしましょう。

## ☑ 世界一のアミノ酸メーカー、味の素の決算書の特徴

　では、味の素の決算書から読み解いていきましょう。右ページの図は、味の素における2024年3月期のＢ／ＳとＰ／Ｌを比例縮尺図に図解したものです。

　この図では、このセクションで取り上げる回転期間指標やＣＣＣも併せて図解していますが、その点については後ほど説明します。

　まず、図左のＢ／Ｓから見ていきましょう。Ｂ／Ｓの左側（資産サイド）で最も大きな金額を占めているのは流動資産（7,100億円）です。この中には、棚卸資産（2,870億円）、売上債権及びその他の資産（1,860億円）、現金及び現金同等物（1,720億円）が計上されています。いずれも味の素が営業を行なううえで必要な資産です。

　次いで大きいのは、有形固定資産（5,870億円）です。調味料やアミノ酸

などを製造する川崎工場をはじめとした生産設備がここに計上されています。また、タイ味の素や味の素フーズ・ノースアメリカといった在外子会社が保有する生産設備も併せて計上されています。

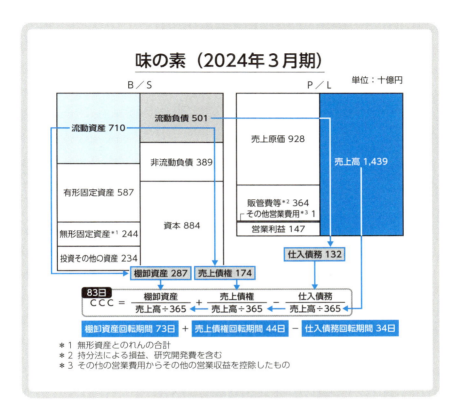

　無形固定資産（無形資産とのれんの合計）も2,440億円計上されていますが、これは主に、2013年にバイオ医薬品を手掛ける米アルテア・テクノロジーズを、2014年に冷凍食品の製造・販売会社である米ウィンザー・クオリティー・ホールディングスを買収し、2015年には味の素ゼネラルフーヅ（現味の素ＡＧＦ）を子会社化した際に計上されたのれんや商標権などです。また、2023年には遺伝子治療薬を手掛ける米フォージ・バイオロジクス・ホールディングスの買収を行なったことも、のれんなどの無形固定資産を大きく増加させています。

続いて、Ｂ／Ｓの右側（負債・純資産サイド）を見てみると、流動負債が5,010億円、非流動負債（固定負債に相当）が3,890億円計上されており、それぞれに有利子負債（借入金、コマーシャル・ペーパー、社債、その他の金融負債）が流動負債に1,970億円、非流動負債に3,090億円含まれています。

資本（純資産に相当）は8,840億円で、自己資本比率（＝資本〔純資産〕÷総資本）は50％という水準です。

図右のＰ／Ｌでは、売上高が１兆4,390億円計上されているのに対し、売上原価が9,280億円（原価率は64％）、販管費等（持分法による損益、研究開発費を含む）が3,640億円（販管費率は25％）となっています。その他の営業収益・費用を加味した営業利益は1,470億円であり、売上高営業利益率（＝営業利益÷売上高）は10％です。

続いて、回転期間とＣＣＣについて解説します。

回転期間指標は、営業に必要な資産や債務（棚卸資産、売上債権、仕入債務）を平均日商（＝１年分の売上高÷365日）で割ったものです。そして、**棚卸資産回転期間と売上債権回転期間を足したものから仕入債務回転期間を差し引いたものを、ＣＣＣと呼びます。**

これらの指標は何を意味するのでしょうか。

## ☑ 回転期間、ＣＣＣの意味と現金との関係

現金と棚卸資産、売上債権、仕入債務との関係性について、右ページの図から説明します。

資産側から見ていきましょう。まずは棚卸資産ですが、これは原材料や商品の仕入れ、工場で働く従業員の給与、製造経費などの支払いにより、現金が在庫に姿を変えたものだと見ることができます。したがって、**棚卸資産を保有しているということは、その分保有する現金が少なくなっていることを意味します。**

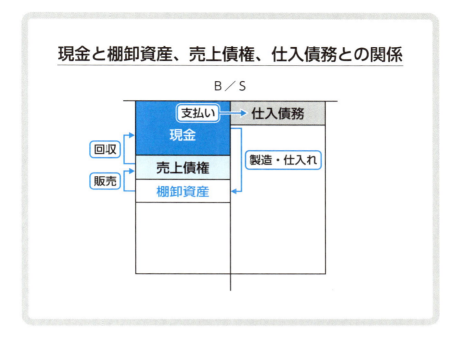

　売上債権は、すでに製品や商品は販売されているものの、まだ代金が未回収のものが該当します。したがって、売上債権については、現金→棚卸資産→売上債権という経路で現金が姿を変えたものであると見ることができます。すなわち棚卸資産と同様に、**売上債権を保有することで、その分保有する現金が少なくなります。**

　その一方で、仕入債務については現金に対して逆に作用します。仕入債務は、すでに原材料や商品などを購入したものの、まだ支払いが行なわれていないものが該当します。そのため、**仕入債務があるということは、その分だけ現金での支払いが少なくなっている、つまり仕入債務の分だけ保有する現金が多くなっている**ことを意味しています。

　この関係をまとめると、次ページの図のように表すことができます。

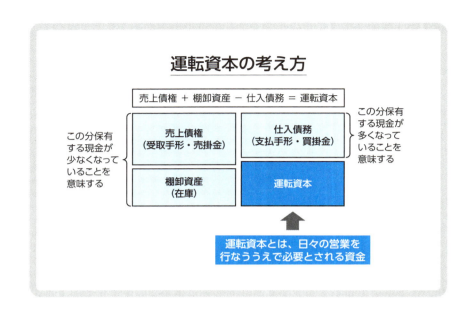

　会社が日々の営業（事業）を行なっていくうえで、棚卸資産や売上債権は必要な資産です。そのため、そうした資産を保有するだけの現金を用意する必要があります。その一方で、仕入債務の分だけ保有する現金が多くなることから、その分、現金には余裕ができることになります。この関係を踏まえて、**売上債権と棚卸資産を足したものから仕入債務を差し引いたものを「運転資本」**と呼びます。

　つまり、**運転資本とは、日々の営業を行なううえで必要とされる資金**と言い換えることができます。この運転資本は売上高との連動性が高いことから、**運転資本を1日当たり売上高（平均日商）で割ることで、売上高の何日分に相当する現金を運転資本として用意しておかなければならないかがわかります。**この運転資本を1日当たり売上高で割ったものが、ＣＣＣという指標です。

　このＣＣＣは、棚卸資産回転期間、売上債権回転期間、仕入債務回転期間という3つの指標との関係でも表すことができます（右ページの図参照）。

　**棚卸資産回転期間は棚卸資産を売上高で割った指標**です。棚卸資産を1日

236

当たり売上高（平均日商）で割ることにより、棚卸資産を販売するまでに何日間かかるのかの目安になります。また、同様に売上債権や仕入債務を平均日商で割ることにより、売上債権を回収するまでの期間や仕入債務を支払うまでの期間の目安にすることができます（棚卸資産回転期間や仕入債務回転期間を計算する際の分母として1日当たり売上原価を使用するべきだとする考え方もありますが、ここでは指標間の整合性を優先するために、1日当たり売上高で分母を統一しています）。

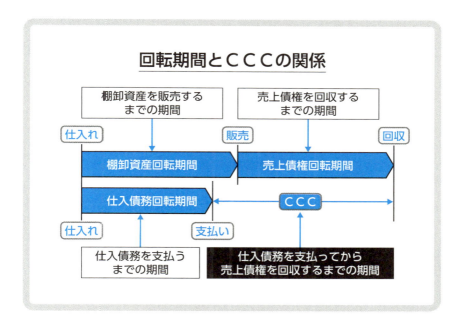

　上図に示すように、CCCは棚卸資産回転期間と売上債権回転期間を足したものから仕入債務回転期間を差し引いたものですから、**CCCは仕入債務を支払ってから売上債権を回収するまでの期間を示す**ことになります。CCCが短いほど、**売上債権や棚卸資産という形で寝てしまっている現金を早期回収できており、運転資本の効率性が高い**ことを意味しています。

## ☑ 味の素の回転期間とCCCの意味していることとは？

　ここからは、味の素の回転期間とCCCが意味していること、ネスレとの

違い、そして味の素が抱える経営課題について説明しましょう。

改めて、味の素の決算書と回転期間、ＣＣＣを見てみます。

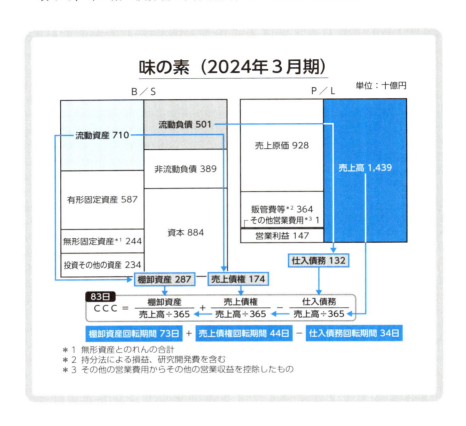

味の素のＢ／Ｓとその注記を参照すると、2024年3月期における棚卸資産は2,870億円、売上債権は1,740億円、仕入債務は1,320億円であることがわかります。ここから回転期間を計算すると、棚卸資産回転期間は73日、売上債権回転期間は44日、仕入債務回転期間は34日となります。

『産業別財務データハンドブック2023』（日本政策投資銀行）に掲載されている**上場食品メーカーの平均値（2022年度）は、棚卸資産回転期間が46日、売上債権回転期間は52日、仕入債務回転期間は30日**となっていることを踏まえると、味の素の棚卸資産回転期間が長いことが読み取れます。

その結果、味の素におけるＣＣＣは83日で、**食品メーカーのＣＣＣの平均値である68日**に比べると15日長くなっています。棚卸資産回転期間の長さが、ＣＣＣの足を引っ張っている状況であるといえそうです。

## ☑ Ｍ＆Ａも駆使して世界一になったネスレの決算書

続いて、ネスレの決算書（2023年12月期）を見ていきましょう（下図参照）。

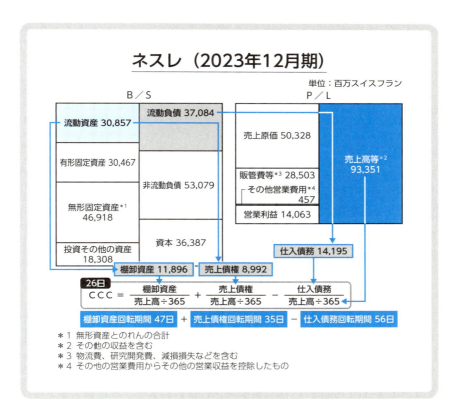

図左のＢ／Ｓの左側で最も大きな金額を占めているのは無形固定資産（469億1,800万ＣＨＦ）です。この大半はのれん（286億9,300万ＣＨＦ）となっています。ネスレに多額ののれんが計上されているのは、ネスレがこれまで積極的なＭ＆Ａを行なってきたことが主な要因です。

239

**ネスレは、創業間もないころからさまざまなＭ＆Ａを繰り返してきた**ことでも知られます。ここ最近の状況を見ても、2017年にはカナダのサプリメントメーカーであるアトリウムイノベーションを、2021年にはビタミン剤や健康補助食品を手掛ける米バウンティフルカンパニーの中核ブランドやスポーツ飲料の米ヌーンを、2022年にはオーガニックプロテインの米オルゲインを買収しています。こうした買収により計上されたのれんが無形固定資産としてＢ／Ｓに計上されているのです。

　次いで大きいのは、流動資産（308億5,700万ＣＨＦ）です。ここには、棚卸資産（118億9,600万ＣＨＦ）や売上債権及びその他の債権（109億9,500万ＣＨＦ）などが計上されています。

　また、有形固定資産も304億6,700万ＣＨＦと大きいですが、これはネスレが世界各地に多数の工場を保有しているためです。

　Ｂ／Ｓの右側を見てみると、流動負債が370億8,400万ＣＨＦ計上されています。この大半を占めているのが、仕入債務及びその他の債務（192億400万ＣＨＦ）です。また、有利子負債も94億1,600万ＣＨＦ計上されています。非流動負債は530億7,900万ＣＨＦで、そのうち有利子負債が458億2,500万ＣＨＦを占めています。

　資本は363億8,700万ＣＨＦで、自己資本比率は29％です。

　図右のＰ／Ｌに目を転じると、売上高等（その他の収益を含む）が933億5,100万ＣＨＦ計上されているのに対し、売上原価は503億2,800万ＣＨＦ（原価率は54％）、販管費等（物流費、研究開発費、減損損失などを含む）は285億300万ＣＨＦ（販管費率は31％）となっています。その結果、営業利益は140億6,300万ＣＨＦとなっており、売上高営業利益率は15％という高水準です。

　回転期間とＣＣＣについても見ていきましょう。ネスレのＢ／Ｓおよびその注記から、棚卸資産は118億9,600万ＣＨＦ、売上債権は89億9,200万ＣＨＦ、仕入債務は141億9,500万ＣＨＦであることがわかります。これら

と売上高（933億5,100万ＣＨＦ）より、棚卸資産回転期間は47日、売上債権回転期間は35日、仕入債務回転期間は56日と計算できます。ＣＣＣは26日で、味の素の83日に比べて57日も短くなっています。

**ネスレの回転期間は、味の素と比較すると棚卸資産と売上債権において短く、仕入債務では長くなっています。在庫効率と売上債権回収の効率が高いことに加え、サプライヤー（原材料などを供給する企業）に対する支払いまでの期間を長く設定することにより高い運転資本効率を実現**しており、その分、投資などに必要な資金を確保できているといえます。

### ☑ 回転期間とＣＣＣから見えてくる味の素の経営課題とは？

じつは、海外食品メーカーと日本の食品メーカーとの間で売上債権回転期間と仕入債務回転期間に違いがあるという傾向は、味の素とネスレの比較に限ったことではありません。以下の表を見てください。

## 回転期間とＣＣＣの比較

| | 棚卸資産回転期間 | 売上債権回転期間 | 仕入債務回転期間 | ＣＣＣ |
|---|---|---|---|---|
| ネスレ | 47 | 35 | 56 | 26 |
| AB InBev | 34 | 27 | 109 | -48 |
| ユニリーバ | 31 | 25 | 63 | -7 |
| 味の素 | 73 | 44 | 34 | 83 |
| アサヒGHD | 35 | 58 | 45 | 48 |
| 日本ハム | 40 | 44 | 23 | 61 |

＊1 売上債権回転期間はTrade receivables（日本企業では受取手形・売掛金）、仕入債務回転期間はTrade payables（同支払手形・買掛金）を対象に算出。AB InBevのみAccrued incomeおよびAccrued expenseを含む
＊2 ネスレ、AB InBev、ユニリーバ、アサヒGHDは2023年12月期決算、味の素、日本ハムは2024年3月期決算による

ネスレを含め、アンハイザー・ブッシュ・インベブ（AB InBev）、ユニリーバといった**グローバルでトップレベルにある海外食品メーカーにおいては、売上債権回転期間は25～35日、仕入債務回転期間は56～109日**となっています。

　ＣＣＣはAB InBevではマイナス48日、ユニリーバではマイナス７日と、いずれもマイナスの水準です。**ＣＣＣがマイナスであるということは、運転資本がマイナスで、仕入れ代金の支払いよりも売上代金の回収が先に行なわれていることを示します。このようなケースでは、売上高が増加するほど、運転資本のマイナス幅が大きくなり、キャッシュが増加する**こととなります。

　一方、味の素、アサヒグループホールディングス（アサヒＧＨＤ）、日本ハムといった**日本の食品メーカーにおける売上債権回転期間は44～58日、仕入債務回転期間は23～45日**となっており、海外食品メーカーに比べて相対的に売上債権回転期間が長く、仕入債務回転期間が短い傾向にあることがわかります。

　食品メーカーのサプライヤー（供給元）にとっては、食品メーカーに対する売上代金の回収が早い（食品メーカーの仕入債務回転期間が短い）ほうが望ましいわけですが、海外食品メーカーでは大きな購買力を背景に、自社にとって有利な条件で仕入れを行なっています。

　**日本の食品メーカーの仕入債務回転期間が短い背景としては、Ｐ／Ｌ重視の傾向が強くキャッシュ・フロー経営の視点に乏しかったこと、そしてサプライヤーに対してメーカーが資金的な支援を行なってきた**ことが挙げられるでしょう。**売上債権回転期間が長いことについても、販売先の資金繰りを支援するという意図があった**と見ることができます。

　AB InBevなど海外メーカーからのお金がなかなか入ってこないサプライヤーは、支払いまでの期間が相対的に短い日本メーカーからのお金で資金繰りを賄っている側面があります。サプライヤーは、日本メーカーのおかげで海外メーカーの要求を受け入れることができているわけです。そのため、日本メーカーが間接的に海外メーカーの資金調達を助けるような構図になって

いるとの指摘もなされています（一橋大学大学院教授・野間幹晴氏、2020年10月22日付日本経済新聞朝刊）。キャッシュ・フロー経営やＢ／Ｓ効率化の視点を強化し、自社にとっての取引条件を改善していくことは、味の素に限らず日本の食品メーカーの経営課題となっているといえそうです。

その一方で、棚卸資産回転期間については、グローバル、日本の食品メーカーの双方と比較しても、味の素の水準（73日）は突出して長くなっています。この課題に対し、味の素では2021年３月に「DX-SCM推進に関する中期計画」を公表し、**SKU（品目数）の適正化、在庫拠点数の削減、需要予測の高度化**と**生産の自動化**を進めることで**棚卸資産回転期間を短縮する**としていました。しかしながら、2021年３月期の64日と比較して、棚卸資産回転期間は10日弱長期化しています。

円ドルの為替レートが2021年３月末の約111円から2024年３月末には約151円となり円安が進行したことや、原材料価格の上昇も影響しているとはいえ、在庫効率をいかに高められるかが味の素には問われている状況です。

## ここが比較するポイント！

ここでは、味の素とネスレの決算書とＣＣＣを比較してきました。味の素では、ネスレと比較すると棚卸資産回転期間と売上債権回転期間が長く、仕入債務回転期間が短くなっていました。

このうち、売上債権回転期間の長さと仕入債務回転期間の短さは日本企業に共通する課題です。Ｂ／Ｓやキャッシュ・フローの視点が乏しかったことの証左ともいえます。

一方で、棚卸資産回転期間の長さは味の素特有の経営課題となっています。味の素がグローバルでの在庫削減をどのように進めていくのか、今後も注目すべきポイントです。

# Chapter 5

## 4 １人当たり指標で人的な効率性を比較する
富士通が「3,000人超の大リストラ」を断行した理由とは？

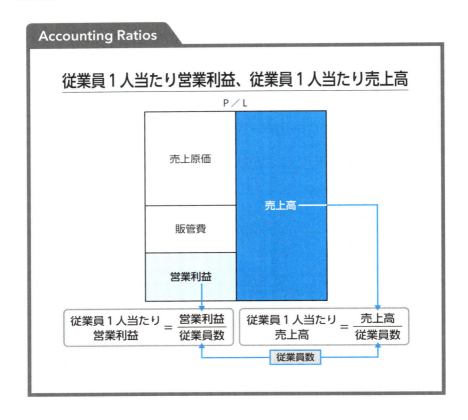

### 指標のトリセツ

　従業員１人がどれだけの営業利益や売上高を上げているのかを見る指標が**従業員１人当たり営業利益や従業員１人当たり売上高**です。**これらの指標の数値が高いほど、従業員の生産性や効率性が高い**ことを示しています。

　従業員の生産性が収益性に大きく影響する、サービス業や小売業などでよく用いられる指標です。

## ☑ ＩＴベンダーの好調とリストラの理由を決算書から読み解く

ＤＸ（デジタルトランスフォーメーション）に対する企業の積極的な投資を追い風に、ＩＴベンダーの業績が好調です。

ここで取り上げる事例企業の１つである**富士通**では、2023年３月期の営業利益が3,360億円、最終利益は2,150億円となり、過去最高益を記録しました。**野村総合研究所**（以下、野村総研）は同じく2023年３月期の営業利益が1,120億円、最終利益は760億円で２期連続の最高益更新、**インターネットイニシアティブ**（以下、ＩＩＪ）も営業利益が270億円、最終利益は190億円となり、３期連続で最高益を更新しました。

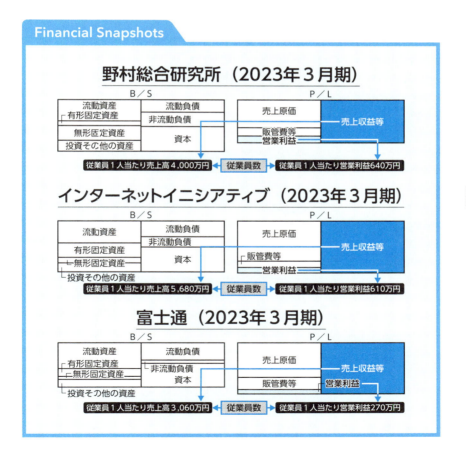

以上のように、ＩＴベンダー３社の業績は好調ですが、その理由は三者三様です。また、**業績好調なＩＴベンダーの中にあって、富士通は2022年３月に早期退職で3,000人超の大規模リストラに踏み切りました。**その理由とは何だったのでしょうか。

　じつは、富士通が大規模なリストラに踏み切った理由は、前ページの図に示した、ＩＴベンダーにおけるＫＰＩ（重要業績評価指標）の１つである「従業員１人当たり指標（売上高、営業利益）」から読み解くことができます。

　そこで、ここでは、各社の業績が好調な理由と富士通がリストラに踏み切った理由について、決算書と従業員１人当たり指標を使いながら探っていくことにしましょう。

### ☑ Ｍ＆Ａで積極的な海外展開を行なう野村総研

　まずは、野村総研の決算書（2023年３月期）から見ていきましょう。

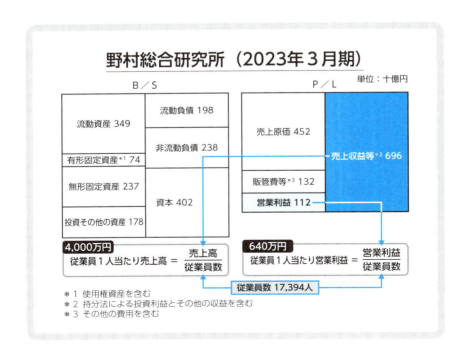

Ｂ／Ｓから見ていきます。Ｂ／Ｓの左側（資産サイド）で最大の金額を占めているのは、流動資産（3,490億円）です。この流動資産には、営業債権及びその他の債権（売上債権などに相当）が1,320億円、現金及び現金同等物が1,290億円含まれています。これらは、野村総研が事業を行なっていくうえで必要な資産です。

　資産の中で次に大きいのは、無形固定資産（のれん及び無形資産、2,370億円）です。この無形固定資産の半分近くは「のれん」（1,020億円）で占められています。野村総研では、2015年ごろから積極的な海外企業に対するＭ＆Ａ（企業の合併・買収）を行なってきました。例えば、2016年12月には、オーストラリアのＩＴコンサルティング会社であるＡＳＧグループを買収しました。2021年5月には、同じくオーストラリアのＩＴテスティング会社のPlanitを、同12月には米国でデジタル・エンジニアリングを手掛けるCore BTSをそれぞれ買収しています。こうした買収に伴って生じた、のれんが無形固定資産に計上されているのです。

　続いて、Ｂ／Ｓの右側（負債・純資産サイド）についても見ていきましょう。流動負債が1,980億円、非流動負債（固定負債に相当）が2,380億円計上されており、これらには有利子負債（社債及び借入金とリース負債）が合計で2,380億円含まれています。資本（純資産に相当）は4,020億円で、自己資本比率（＝資本〔純資産〕÷総資本）は48％となっています。**ＩＴベンダーでは無借金経営を行なっている企業も多い**ですが、野村総研ではＭ＆Ａなどへの投資にあたり、負債による資金調達も活用している様子がうかがえます。

　Ｐ／Ｌに目を転じてみると、売上収益等（持分法による投資利益とその他の収益を含む）が6,960億円であるのに対し、売上原価が4,520億円（原価率は65％）、販管費等（その他の費用を含む）が1,320億円（販管費率は19％）となっています。営業利益は1,120億円で、売上高営業利益率（＝営業利益÷売上収益等）は16％という水準です。**業績好調なＩＴベンダーの中にあっても、野村総研の収益性は高い**といえます。

　続いて、従業員1人当たり指標を見てみましょう。

野村総研の2023年3月期におけるグループ全体の従業員数は1万7,394人となっています（正社員の生産性・効率性に着目するため、臨時雇用者数を含めていません）。ここから、従業員1人当たり売上高（＝売上収益等÷従業員数）は4,000万円、従業員1人当たり営業利益（＝営業利益÷従業員数）は640万円であると計算できます。

　詳しくは後で触れますが、野村総研の従業員1人当たり営業利益は、本セクションで取り上げた3社の中で最高水準となっています。その要因についても、後で詳しく解説することにしましょう。

## ✓ 通信インフラを持ち1人当たり利益も高水準のIIJ

　次に、IIJの決算書を見ていきます。以下は、IIJの2023年3月期における決算書を図解したものです。

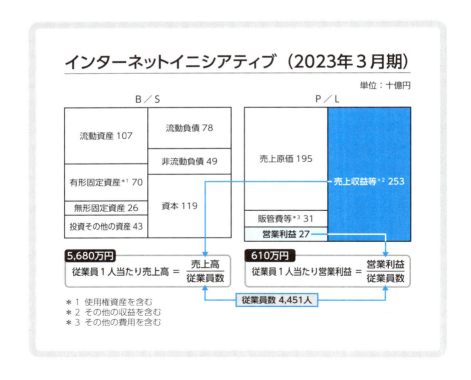

B／Sの左側で最大の金額を占めているのは、流動資産（1,070億円）です。この多くは現金及び現金同等物（420億円）と営業債権（410億円）であり、これは野村総研と同様の傾向を示しています。

　次に大きいのは、有形固定資産（700億円、使用権資産を含む）です。ここには、本社やデータセンターといったネットワークサービス事業やシステムインテグレーション（システムの構築）事業に関する資産が計上されています。通信インフラを使ったネットワークサービス事業とシステムインテグレーション事業の双方を提供しているＩＩＪならではの特徴といえます。

　B／Sの右側には、流動負債が780億円、非流動負債が490億円計上されており、これらには合計で200億円の有利子負債（借入金）が含まれています。資本の金額は1,190億円で、自己資本比率は野村総研と同水準の48％です。

　P／Lについても見てみましょう。売上収益等（その他の収益を含む）は2,530億円であるのに対し、売上原価は1,950億円（原価率は77％）、販管費等（その他の費用を含む）は310億円（販管費率は12％）となっています。営業利益は270億円で、売上高営業利益率は11％です。

　ＩＩＪの従業員１人当たり売上高は5,680万円、従業員１人当たり営業利益は610万円となっており、**１人当たり営業利益の面では野村総研に迫る水準**となっています。

　また、**１人当たり売上高では野村総研を超えていますが、これはネットワークサービス事業を手掛けていることによる業態の違いが影響している**と推察されます。

## ☑ 効率性に大差、製造業の一面が表れる富士通

　さらに、富士通の決算書についても見ていきましょう（次ページの図参照）。

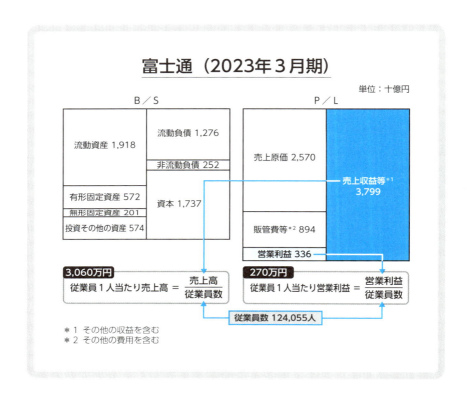

　富士通におけるＢ／Ｓの左側で６割を占めているのは、流動資産（１兆9,180億円）です。流動資産の中身を見てみると、現金及び現金同等物が3,560億円、売上債権が9,280億円計上されているほか、棚卸資産が3,370億円含まれています。

　野村総研やＩＩＪではほとんどなかった棚卸資産が計上されているのは、富士通がシステムインテグレーションやシステムハードウェアなどを手掛けるテクノロジーソリューション事業に加え、パソコンなどを手掛ける**ユビキタスソリューション事業**や半導体・電子部品の製造販売を行なう**デバイスソリューション事業**を抱えているためです（なお、デバイスソリューション事業の中心で、富士通の連結子会社である新光電気工業については、政府系ファンドの産業革新投資機構〔ＪＩＣ〕や本書のChapter 3で取り上げた大日本印刷などに売却されることが2023年12月12日に発表されました）。

こうした**棚卸資産が計上されている点は、富士通が製造業としての側面を持つことに起因する特徴**です。ただし、テクノロジーソリューション事業の売上収益合計に占める割合は84％に上っており、同事業が売上の中心となっています。

　Ｂ／Ｓの右側を見てみると、流動負債が１兆2,760億円、非流動負債が2,520億円計上されており、これらには合計で2,110億円の有利子負債（社債、借入金及びリース負債）が含まれています。資本の金額は１兆7,370億円で、自己資本比率は53％です。

　Ｐ／Ｌについても見てみましょう。売上収益等（その他の収益含む）が３兆7,990億円であるのに対し、売上原価は２兆5,700億円（原価率は68％）、販管費等（その他の費用を含む）は8,940億円（販管費率は24％）です。営業利益は3,360億円で、売上高営業利益率は９％となっています。

　富士通の従業員１人当たり指標は、従業員１人当たり売上高が3,060万円、従業員１人当たり営業利益が270万円という水準です。特に**営業利益の面では、野村総研やＩＩＪに対して大きく水をあけられています。**

　**これが、最高益を更新するなど、業績好調に見える富士通が大規模なリストラに踏み切った理由**です。この理由については、後ほど詳しく解説することにしましょう。

## ☑ 従業員１人当たり営業利益が向上した三者三様の理由とは？

　ＩＴベンダーにおける収益性はＩＴエンジニアが働く効率によって大きく左右されるため、**従業員１人当たり指標はＩＴベンダーにとってのＫＰＩ（重要業績評価指標）の１つ**です。

　2023年３月期の従業員１人当たり営業利益を比較してみると、野村総研は640万円、ＩＩＪは610万円であったのに対し、富士通は270万円となっており、大差をつけられている状況が明らかとなりました。

では、この従業員1人当たり営業利益を時系列で比較してみましょう。

以下の図は、野村総研、IIJ、富士通の従業員1人当たり営業利益の推移を2010年3月期から2023年3月期の期間でまとめたものです。

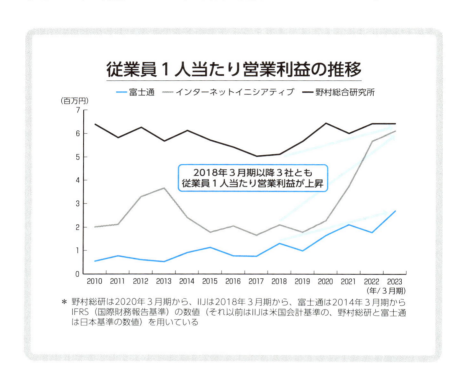

これによれば、3社ともに2018年3月期以降、従業員1人当たり営業利益が上昇傾向にあることがわかります。野村総研では、2018年3月期に510万円だったのが2023年3月期には640万円に、同期間にIIJでは210万円から610万円に、富士通では130万円から270万円にそれぞれ増加しています。

2018年には、経済産業省が「デジタルトランスフォーメーションを推進するためのガイドライン」を取りまとめ、これが日本におけるDX（デジタルトランスフォーメーション）を進展させるきっかけとなりました。こうした形で広まっていった**DXのうねりが、各社の業績を後押しした結果である**といえるでしょう。

しかしながら、各社の置かれた状況と施策をより詳しく見てみると、従業員1人当たり営業利益が上昇した背景には、三者三様の理由があります。ここからは、それぞれの従業員1人当たり営業利益が上昇した背景について探っていくことにしましょう。

## ☑ コンサルサービスに強みを持ち高付加価値を実現する野村総研

野村総研の状況から見ていきましょう。以下の図は、野村総研で公開しているサービス別の売上収益を2018年3月期と2023年3月期で比較したものです（事業セグメント別の売上収益ではなく、事業横断で見たサービス別の売上収益を示しています）。

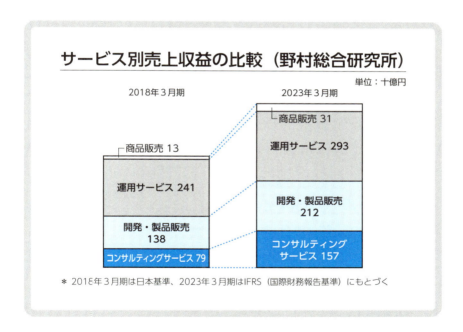

これによれば、野村総研では、すべてのサービスにおいて売上収益が上昇しています。とりわけ成長著しいのはコンサルティングサービスで、2018年3月期の790億円から2023年3月期には1,570億円へと2倍にまで増加していることがわかります。同期間の連結売上収益は4,710億円から6,920億円に増加しており、2023年3月期の売上収益は2018年3月期比で1.5倍です。

このことからも、**野村総研のコンサルティングサービスの成長スピードがいかに速いかを読み取ることができます。**

　同社の2023年3月期の有価証券報告書によれば、顧客のＤＸに対する取組みを実現するためには、顧客のビジネスを深く理解していなければならないとしたうえで、「当社グループは、様々な業界や業務プロセスに精通したコンサルタントと、実用性までを考慮して最新のＩＴを駆使できるシステムエンジニアという２つの人的資本があり、顧客のＤＸの取組みの拡大において、大きな競争優位性がある」と記載されています。

　こうした記載からは、上流工程であるコンサルティングを武器として、顧客のＤＸを推進するサービスを提供することに対して自信を深めている様子がうかがえます。**コンサルティングサービスに強みを持ち、顧客に対する高い付加価値を提供できていることが、野村総研の従業員１人当たり営業利益の上昇につながっている**といえそうです。

## ☑ ネットワークとＳＩを複合したユニークな立ち位置のＩＩＪ

　続いて、ＩＩＪの事業別売上収益について2018年3月期と2023年3月期で比較してみましょう。右ページの図を見てください。

　ＩＩＪに関しても、連結での売上収益が2018年3月期の1,760億円から2023年3月期の2,530億円へと、1.4倍に伸びています。中でも、システムインテグレーション事業（以下、ＳＩ事業）の売上収益（機器販売を含む）は同期間で640億円から1,110億円となっており、2023年3月期の売上収益は2018年3月期比で1.7倍にまで増加しました。**ネットワークサービスのイメージが強いＩＩＪですが、ＳＩ事業の連結売上収益に占める割合は、44％にまで達しています。**

　ＩＩＪでは、なぜここまでＳＩ事業の売上高を伸ばすことができたのでしょうか。

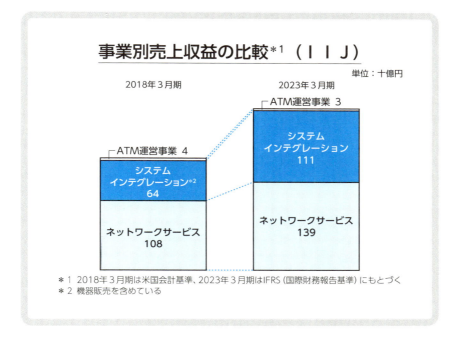

　その理由について同社の2023年3月期の有価証券報告書から探ってみると、「社内外ネットワーク更改等のネットワークサービスとシステムインテグレーションを複合した大型案件の提案機会が増加」した結果、「売上高が想定以上に伸長し、システムインテグレーションの受注額及び受注残高も順調に増加」したと記載されています。

　上記からは、ネットワークサービスを利用している既存顧客のネットワーク更改のタイミングでＩＩＪがＳＩサービスを**クロスセル**（顧客が継続購入する商品・サービスに加えて別の商品・サービスの購入を提案し、販売すること）することで、ＳＩ事業を大きく伸ばしてきた状況が垣間見えます。

**通信ネットワークサービスを持つシステムインテグレーターというＩＩＪのユニークな立ち位置が、顧客への新たな提案機会につながり、それが業績へと結びつくことで従業員１人当たり営業利益を上昇させている**といえます。

## ☑ リストラで効率性改善の富士通、期待の「ある事業」とは？

　最後に富士通について見ていきましょう。先に述べたように、2023年3月期における富士通の従業員1人当たり営業利益は270万円で、野村総研やＩＩＪの水準に比べると見劣りする水準ではありますが、2018年3月期においては130万円とさらに低い水準にありました。

　こうした状況を受け、富士通では2019年3月末までに、早期退職に応募した3,000人弱を削減しました。また、それに先立って、総務などに所属する間接部門の人材を営業などへ配置転換を行なうことも経営方針の中で明らかにしています。

　加えて、2022年3月には、早期退職に応募した3,000人超を削減すると発表しました。厳しい競争環境の中、大規模な人員削減策を矢継ぎ早に実施してきたのです。

　上記のような人員削減の効果もあって、富士通グループの従業員数は2018年3月期の約14万人から2023年3月期の約12万4,000人へと減少することとなりました。こうした結果は、決算書にどのように表れたのでしょうか。右ページの図は、富士通のＰ／Ｌを2018年3月期と2023年3月期で比較したものです。

　これによれば、売上収益等が2018年3月期の4兆1,590億円から2023年3月期の3兆7,990億円に減少した一方で、売上原価も同2兆9,670億円から2兆5,700億円に減少。売上収益等から売上原価を差し引いた売上総利益は370億円増加しています。加えて、販管費等は同1兆100億円から8,940億円へと1,160億円削減されました。

　これらの結果、営業利益は2018年3月期の1,820億円から、2023年3月期の3,360億円へと、1,530億円増加したわけです。売上総利益にも改善の兆しは見られますが、**営業利益が増加した最大の要因は、人員の削減や配置転換などによる販管費の構造改革であった**ことが読み取れます。

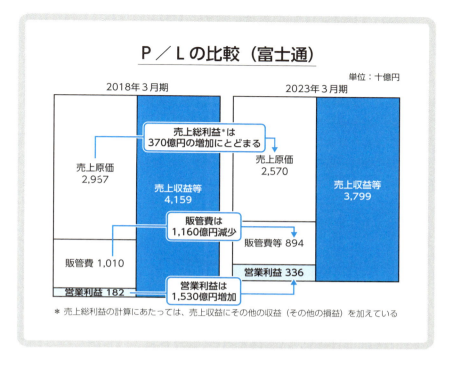

　その結果、先に述べたように富士通の従業員1人当たり営業利益は大きく改善し、2023年3月期には過去最高益を更新するに至ったわけです。しかしながら、それでも富士通の従業員1人当たり営業利益は野村総研やIIJに比べると低い水準にあります。

　こうした状況を受けて、富士通は2023年5月24日に発表した中期経営計画において、従業員1人当たり営業利益を2026年3月期までに2023年3月期比で40％上昇させるという目標を示しています。

　大規模なリストラにより従業員1人当たり営業利益を伸ばしてきた富士通には、大きく分けて2つの経営課題があります。

　1つは、**テクノロジーソリューション事業を、クラウドを中心としたITサービス中心の事業モデルに変革していくことができるか**どうかです。

富士通は2024年3月期に、従来のテクノロジーソリューション事業を、サービスソリューション事業とハードウェアソリューション事業の2つに分ける形に事業セグメントを変更。サービスソリューション事業についてはクラウド型サービスの新たな事業ブランドである「ユーバンス」を核にして、売上収益を2023年3月期の2兆円から2026年3月期には2兆4,000億円に、営業利益（調整後）を同1,600億円から3,600億円に拡大する目標を掲げています。こうした目標を達成するために、**富士通では人材の**リスキリング**（職業能力の再開発、再教育）や**人事制度改革**などを通じてコンサルティング能力を高めようとしています。**

そして、**もう1つの課題は、海外事業の収益性改善**です。

2023年3月期の売上高営業利益率（調整後）は、日本国内の12％に対して海外では1％とかなり見劣りする水準です。これに対し、富士通では海外においてもユーバンスを中心にサービスを拡大していくことで、2026年3月期には海外事業の売上高営業利益率を3％に引き上げていく計画を示しています。富士通には、こうした施策を着実に実行し、目標を達成できるかどうかが問われています。

### ここが比較するポイント！

ここでは、野村総研、ＩＩＪ、富士通といった業績好調のＩＴベンダーの決算書と従業員1人当たり指標を比較してきました。各社ともに近年従業員1人当たり指標を伸ばしてきましたが、その要因はそれぞれ違います。

野村総研では高付加価値のコンサルティングサービスの伸長が、ＩＩＪではネットワークとＳＩのクロスセルが、そして富士通では大規模なリストラが従業員1人当たり指標を引き上げるドライバーになっていました。

今後、富士通がいかに事業構造改革を進め、従業員1人当たり指標を引き上げていくのかに注目すべき状況であるといえます。

# Chapter 5

## 5 企業業績の伸びを占う成長性分析
ヤマトを「配達員2.5万人との契約終了」に駆り立てた要因とは?

**Accounting Ratios**

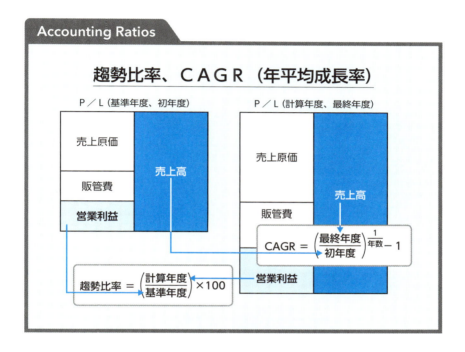

### 📖 指標のトリセツ

成長性を測定する際に使用される代表的な指標が趨勢比率とＣＡＧＲ（年平均成長率）です。

**趨勢比率**は、**基準年度を100として売上高や利益がどのように推移したかを示す指標**です。

**ＣＡＧＲ（年平均成長率）は、複数年にわたる数字の比率から、１年当たりの平均成長率を求めた指標**です。図中の年数を１にすると、いわゆる前年比や昨対比と呼ばれる、１年前の数値と比較する指標と同じになります。

## ☑ ここ10年間でヤマトと佐川に大差がついた理由

　働き方改革に伴う残業時間の規制により人手不足が懸念される、いわゆる「2024年問題」を抱える物流業界。その到来を前に、ともに宅配便大手の、ヤマト運輸を傘下に抱える**ヤマトホールディングス**（以下、ヤマトHD）と、佐川急便を持つ**ＳＧホールディングス**（以下、ＳＧＨＤ）が、相次いで値上げや構造改革に動いていました。

　特に、日本郵政グループとの協業推進に伴ってヤマト運輸が2024年２月に発表した、配達委託契約を結んでいた約２万5,000人の**個人事業主（クロネコメイト）との契約終了**は大きな波紋を呼びました。

　じつは、以下の図に示すように、ここ10年間のヤマトＨＤとＳＧＨＤの決算書や成長性指標には、大きな差がついてきています。

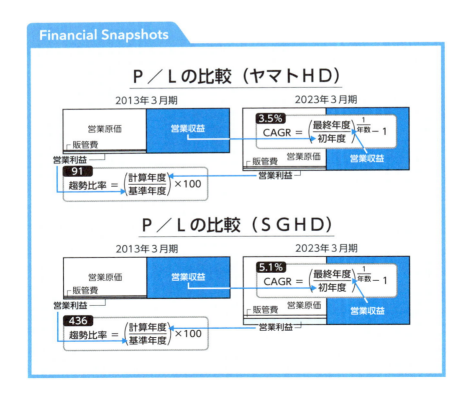

260

なぜ、両社の決算に大きな差がついたのでしょうか。また、ヤマトＨＤが
クロネコメイトとの契約終了などの大きな構造改革に踏み切った理由は何だ
ったのでしょうか。ここでは、決算書や趨勢比率、ＣＡＧＲといった成長性
指標を使って解説していくことにしましょう。

## ✅ ヤマトＨＤの決算書の特徴とは？

　ヤマトＨＤの決算書から見ていきます。以下の図は、ヤマトＨＤの2023
年３月期の決算書を比例縮尺図に図解したものです。

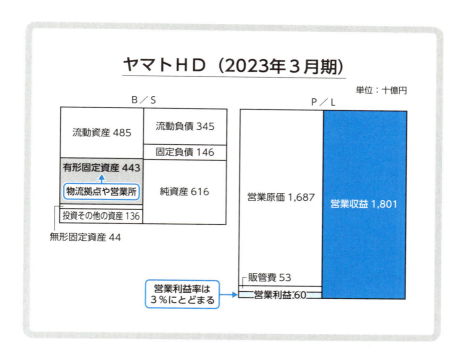

　まずは、Ｂ／Ｓから見ていきましょう。Ｂ／Ｓの左側（資産サイド）で最
大の金額を占めているのは、流動資産（4,850億円）です。ここには、売上
債権（受取手形、売掛金及び契約資産）が2,160億円、現預金が1,850億円含
まれています。いずれも営業を行なっていくうえで必要な資産です。

次いで大きいのは、有形固定資産（4,430億円）です。ヤマトＨＤのような物流業では、営業所や物流拠点を全国各地に配置しているため、そうした施設の有形固定資産が大きくなります。

　Ｂ／Ｓの右側（負債・純資産サイド）には、流動負債が3,450億円、固定負債が1,460億円計上されています。流動負債および固定負債には有利子負債（借入金およびリース債務）が合計で480億円含まれています。純資産の金額は6,160億円で、自己資本比率は56％です。

　続いて、Ｐ／Ｌについても見ていきましょう。営業収益（売上高に相当）が１兆8,010億円であるのに対し、営業原価（売上原価に相当）は１兆6,870億円（原価率は94％）、販管費は530億円（販管費率は３％）となっており、物流業のコストは配送にかかる営業原価が中心であることがわかります。営業利益は600億円で、売上高営業利益率（＝営業利益÷営業収益）は３％にとどまっています。

## ☑ 収益性ではＳＧＨＤに軍配が上がる

　右ページの図は、ＳＧＨＤにおける2023年３月期の決算書を図解したものです。

　こちらもＢ／Ｓから見ていきましょう。左側で最大の金額を占めているのは流動資産（4,070億円）で、ここには売上債権（受取手形、営業未収入金及び契約資産）が1,840億円、現預金が1,780億円計上されています。次いで大きいのは有形固定資産（3,920億円）で、ＳＧＨＤの資産はヤマトＨＤと非常によく似た構成になっていることがわかります。

　Ｂ／Ｓの右側には流動負債が2,290億円、固定負債が1,090億円計上されており、これらには有利子負債が合計で970億円含まれています。純資産は5,670億円で、自己資本比率は63％という水準です。

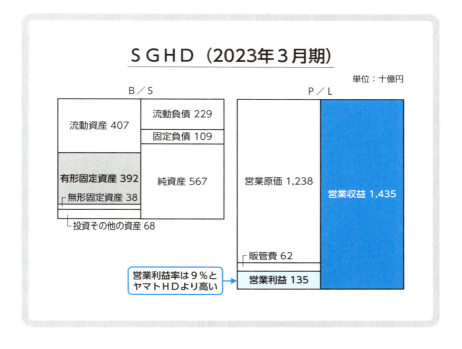

　Ｐ／Ｌでは、営業収益が１兆4,350億円であるのに対し、営業原価は１兆2,380億円（原価率は86％）、販管費は620億円（販管費率は４％）となっています。営業利益は1,350億円、売上高営業利益率は９％で、ヤマトＨＤに比べると６ポイント高くなっています。コスト構造で見ると、原価率がヤマトＨＤは94％であるのに対し、ＳＧＨＤでは86％と差がついています。

**営業収益では、ヤマトＨＤが１兆8,010億円、ＳＧＨＤが１兆4,350億円とヤマトＨＤのほうが大きいですが、営業利益ではヤマトＨＤが600億円、ＳＧＨＤが1,350億円となっており、ＳＧＨＤに軍配が上がります。**

　なぜ、両社の営業利益には差がついたのでしょうか。その理由を探るために、両社の2013年３月期のＰ／Ｌと2023年３月期のＰ／Ｌを比較してみましょう。

　次ページに示したのは、ヤマトＨＤにおけるＰ／Ｌの比較です。

**Financial Snapshots**

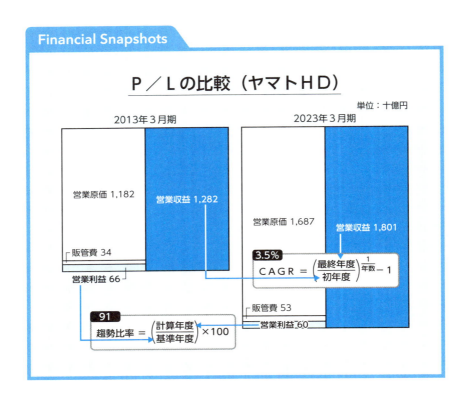

　これによれば、2013年3月期の営業収益が1兆2,820億円、営業利益が660億円であったのに対し、2023年3月期はそれぞれ1兆8,010億円、600億円となっています。営業収益は5,000億円超増加している一方で、営業利益は60億円減少しています。**営業収益の増加以上にコストが増加している**ということです。

　ここで、ヤマトHDの各数値の変化について、成長性を見る際に使用される趨勢比率とCAGRに当てはめて分析してみましょう。

　趨勢比率とは、基準とする年度の数字を100として、計算の対象となる年度の数字がいくつに相当するのかを見る指標です。計算式は、「**趨勢比率＝（計算年度の数値÷基準年度の数値）×100**」です。例として、ヤマトHDにおける2013年3月期の営業利益を100として2023年3月期の営業利益の趨勢比率を計算してみると、91となります。

ＣＡＧＲとは、「Compound Annual Growth Rate」の頭文字を取ったもので、「年平均成長率」とも呼ばれます。**最初の年度の数字から、毎年平均で何％成長すると最終年度の数字になるかを表したもの**です。計算式は図中に示していますが、Excelでは、「ＣＡＧＲ＝（最終年度の数値/初年度の数値）^（1/年数）－１」のように入力すると計算できます。こちらも例としてヤマトＨＤの営業収益について2013年３月期から2023年３月期までのＣＡＧＲを計算してみると、3.5％となります。

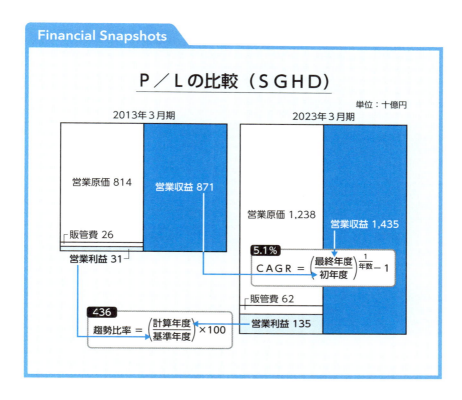

　続いて、ＳＧＨＤのＰ／Ｌも比較してみましょう（上図参照）。2013年３月期の営業収益が8,710億円、営業利益が310億円だったのに対し、2023年３月期にはそれぞれ１兆4,350億円、1,350億円となっており、営業収益、営業利益ともに大きく増加しています。

　ヤマトＨＤと同様に、営業利益の趨勢比率を計算してみると436、営業収

益のＣＡＧＲは5.1％でした。こうした指標からも、ＳＧＨＤの業績はここ10年間で大きく伸びていることが見て取れます。

## ☑ 長年の値上げ交渉が奏功したＳＧＨＤ

　ＳＧＨＤの利益が大きく伸びた理由を探るために、趨勢比率を時系列で分析してみましょう。以下の図は、ヤマトＨＤとＳＧＨＤについて、2013年３月期を基準年度として2023年３月期までの営業収益の趨勢分析を行なったものです。

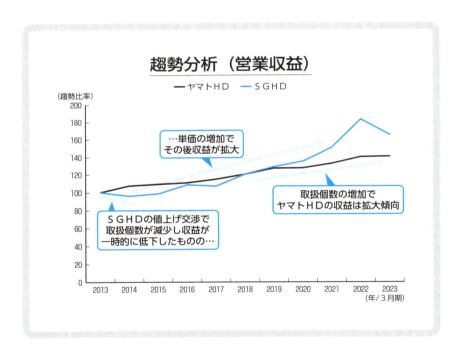

　これによると、**ヤマトＨＤの営業収益はほぼ一貫して拡大してきた**ことがわかります。この間、ヤマトＨＤの宅急便の取扱個数は増加しており、それが収益の拡大に寄与しています。

　一方で、ＳＧＨＤの営業収益は2014年３月期に一時的に低下しています。これは、利益率の改善をめざしてＳＧＨＤが荷主企業への値上げ交渉を行な

ったことが原因です。

　当時の報道によれば、値上げ幅は1～2割程度であったとされます（週刊東洋経済、2013年9月28日号）。これにより、AmazonなどをはじめとしたＥＣ（電子商取引）関連の大口顧客からの荷物の取扱個数が大きく減少し、一時的な収益低下を招いたというわけです。

　しかしながら、その後は単価の上昇に伴って収益は拡大傾向に転じています。また、コロナ禍に入った2021年3月期以降は**ＥＣ需要の大きな拡大に伴って、取扱個数が大きく増加したことも収益の拡大に寄与しています**。

　こうしたＳＧＨＤにおける荷物の引受単価の引き上げは、利益の増加に大きく貢献しました。運賃値上げによって採算性の悪いＥＣの荷物が減少したことも、結果として収益性の改善につながりました。営業利益の趨勢分析（下図参照）を見ると、**ＳＧＨＤの営業利益は2013年3月期以降、増加傾向で推移している**ことがわかります。

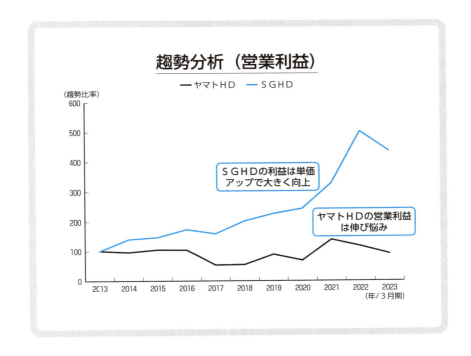

その一方で、**ヤマトＨＤの営業利益は伸び悩んでいる様子が見て取れます。単価の低い小型荷物が多く、小口配送や再配達でコストがかさみやすい構造になっているためです。**こうした利益の伸び悩みが、構造改革へとヤマトＨＤを駆り立てた要因の１つであったといえるでしょう。

冒頭で、2024年問題に対応するため、ヤマトＨＤ、ＳＧＨＤがともに値上げに踏み切ったことに触れましたが、ＳＧＨＤは10年以上前から値上げ交渉に継続的に取り組むとともに、コスト管理を徹底することで収益性の改善を行なってきました。その結果が、趨勢分析にも表れているといえます。

また、この間に、宅配便事業を中心としたデリバリー事業の業績拡大に加えて、ＳＧＨＤが企業の物流業務を包括して受託するサードパーティー・ロジスティクス（３ＰＬ）事業や、国際物流事業の業績が大きく伸びたことも、業績の拡大に貢献しています。

### ここが比較するポイント！

ここでは、ヤマトＨＤとＳＧＨＤという物流業界の２社を取り上げて、その決算書と成長性指標を分析してきました。

早くから値上げ交渉やロジスティクス事業の拡大を図ってきたＳＧＨＤでは売上高や営業利益が大きく伸びた一方で、ヤマトＨＤでは宅配便個数が増加したものの、コストがかさみ営業利益の増加につながっていない状況が浮かび上がってきました。

コロナ禍後の宅配便個数の伸び悩み、輸送コストの増加など、直近の物流業界を取り巻く状況は厳しくなっています。

そんな中、ヤマトＨＤでは日本郵政グループとの協業といった構造改革を進めてきました。しかし、ヤマト運輸から日本郵便への薄型荷物配送委託を巡っては、2024年12月に日本郵便がヤマト運輸に対して損害賠償を求める提訴を行なうなど、その先行きが危ぶまれる事態に陥っています。ヤマトＨＤにおける今後の構造改革の動向を注視すべき状況といえます。

## おわりに

　前著『決算書の比較図鑑』は、Ｂ／Ｓ、Ｐ／Ｌ、ＣＦ計算書を比例縮尺図やウォーター・フォール・チャートに落とし込み、図鑑として見られるような本をつくりたい、という着想から生まれました。たくさんの会社の決算書を図解して、直観的に短時間で読むことができれば、楽しみながら決算書を読む力が身につくというコンセプトは、私の想像を超えて多くの読者の方からの支持をいただくことができました。

　一方で、決算書を時系列で、あるいは多くの競合他社と比較しながら読む際には、会計指標を活用することが有効なのですが、会計指標を計算するとそれで満足してしまい、決算書やビジネスとのつながりがイメージできていない方が多いことが気になっていました。会計指標の数値から決算書の姿を想像し、そしてビジネスで起こっていることをイメージすることができれば、決算書を読むのがもっと面白くなるのに……と感じていたのです。

　本書の構想は、まさにその思いから出発しました。

　会計指標を本当の意味で使いこなすためには、会計指標の数値から、決算書の姿を想像し、そしてビジネスで起こっていることへとつなげられるようになるトレーニングが必要になりますが、その際にも決算書の「図解」と会計指標をセットで読み解くことがとても有効だと考えていました。また、会計指標を活用できるようになるためには、会計指標を読む「場数」をたくさん踏むことも求められます。

　本書では、多くの会社をケースとして取り上げ、会計指標と決算書の関係を図解しました。また、ケースとして取り上げる会社のビジネスを知る面白さを感じていただくこともとても重要ですから、決算書とビジネスとのつながりについての記述も簡潔かつ充分なものになるよう、気を配りました。

　会社が採月するＫＰＩは、ビジネスの潮流を映す鏡です。目標として掲げ

るＫＰＩは会社がめざす姿そのものだからです。本書で取り上げた多くの注目ＫＰＩから、日本企業の経営が向かう先をつかみ取ってみてください。

　本書を通じて、会計指標と決算書を読むことの面白さを感じていただき、それらを活用する力をもう一段高めるお手伝いができたなら、筆者としてこれ以上の喜びはありません。

　本書を執筆するにあたり、どのような会社をケースとして取り上げるべきか、そして解説にあたってどのようなポイントに着目すべきか、といった点についてヒントを与えてくれたのはTwitter（現Ｘ）で筆者をフォローしてくださっている皆様でした。こうした方々に対し、心より御礼申し上げます。

　私が教壇に立つ中京大学での講義やゼミにおける受講生とのコミュニケーションも、本書を執筆するうえで必要な様々なことに気づかせてくれるきっかけとなりました。深く感謝いたします。

　本書の内容は、ダイヤモンド・オンラインへの寄稿を中心に再構成しています。連載という貴重な場を提供してくださっているダイヤモンド編集部の皆様にも謝意を表します。

　また、本書の企画、内容に賛同し、出版の機会を与えてくださった日本実業出版社に心より感謝申し上げます。特に同社第一編集部の皆様には、構想から執筆、図表のデザインに至るまで、寄り添ってくださる伴走者として親身なサポートをしていただきました。

　紙幅の関係上、すべてのお名前を記すことは叶いませんが、本書の完成までにご助力をくださった皆様に対し、深く御礼申し上げます。

　最後に、常日頃から筆者の執筆を見守り、励まし、サポートし続けてくれる家族へ。いつも本当にありがとう。

2024年12月

矢部　謙介

矢部 謙介（やべ　けんすけ）
中京大学国際学部・同大学大学院人文社会科学研究科教授。専門は経営分析・経営財務。1972年生まれ。慶應義塾大学理工学部卒、同大学大学院経営管理研究科でMBAを、一橋大学大学院商学研究科で博士（商学）を取得。
三和総合研究所（現三菱UFJリサーチ＆コンサルティング）および外資系経営コンサルティングファームのローランド・ベルガーにおいて、大手企業や中小企業を対象に、経営戦略構築、リストラクチャリング、事業部業績評価システムの導入や新規事業の立ち上げ支援といった経営コンサルティング活動に従事する。その後、現職の傍らマックスバリュ東海株式会社社外取締役なども務める。
著書に『決算書の比較図鑑』『武器としての会計思考力』『武器としての会計ファイナンス』『粉飾＆黒字倒産を読む』（以上、日本実業出版社）、『決算書×ビジネスモデル大全』（東洋経済新報社）、『日本における企業再編の価値向上効果』『成功しているファミリービジネスは何をどう変えているのか？（共著）』（以上、同文舘出版）などがある。

見るだけでKPI（ケービーアイ）の構造（こうぞう）から使（つか）い方（かた）までわかる
会計指標（かいけいしひょう）の比較図鑑（ひかくずかん）

2025年2月20日　初版発行
2025年3月1日　第2刷発行

著　者　矢部謙介　©K.Yabe 2025
発行者　杉本淳一

発行所　株式会社日本実業出版社　東京都新宿区市谷本村町3-29 〒162-0845
　　　　編集部　☎03-3268-5651
　　　　営業部　☎03-3268-5161　振替　00170-1-25349
　　　　https://www.njg.co.jp/

印　刷・製　本／中央精版印刷

本書のコピー等による無断転載・複製は、著作権法上の例外を除き、禁じられています。内容についてのお問合せは、ホームページ（https://www.njg.co.jp/contact/）もしくは書面にてお願い致します。落丁・乱丁本は、送料小社負担にて、お取り替え致します。

ISBN 978-4-534-06169-0　Printed in JAPAN

## 日本実業出版社の本

下記の価格は消費税（10%）を含む金額です。

見るだけで「儲かるビジネスモデル」までわかる
### 決算書の比較図鑑

矢部謙介
定価 1760円（税込）

50社以上の同業種または異業種の会社の決算書をシンプルな図にして、ひと目で比較できるように並べて掲載し、比較しながら経営の現実やビジネスモデルを直観的に読み解く方法を解説。

### 武器としての会計思考力
会社の数字をどのように戦略に活用するか？

矢部謙介
定価 1870円（税込）

決算書を比例縮尺図に翻訳してビジネスモデルを読み解く方法、財務指標の使い方、粉飾などの見抜き方、戦略に合わせてKPIを設定・運用する方法などを、豊富な実例を交えて解説。

### 武器としての会計ファイナンス
「カネの流れ」をどう最適化して戦略を成功させるか？

矢部謙介
定価 1870円（税込）

ビジネスモデルから損益分岐点をイメージするコツ、ファイナンスをKPIに活用する方法、企業価値評価の手法、株価を高める資金調達や株主還元の手法などを、豊富な実例を交えて解説。

### 粉飾&黒字倒産を読む
「あぶない決算書」を見抜く技術

矢部謙介
定価 1980円（税込）

決算書から粉飾や黒字倒産を見抜く実践ノウハウ、粉飾や黒字倒産に至る経緯や末路、防止策・対応策、業績を回復させる経営改革を実行するためのヒントなどを、豊富な実例を交えて解説。

定価変更の場合はご了承ください。